Gebrauchsanweisungen
für die Vergangenheit

Mit einem Jahrhundert der Barbarei konfrontiert, fordert die Erinnerung ihre Rechte auf die Vergangenheit. Diese Erinnerung hat eine intellektuelle Debatte hervorgerufen, deren Linien Enzo Traverso in seinem Buch rekonstruiert: von Halbwachs zu Ricœur, von Benjamin zu Yerushalmi. Anhand zahlreicher Beispiele aus der Geschichte des 20. Jahrhunderts – Faschismen, Shoah, Kolonialismus – erläutert der Text die Verbindungen zwischen den verschiedenen Segmenten der kollektiven Erinnerung, der Geschichtsschreibung und der Erinnerungspolitiken.

Enzo Traverso unterrichtet Politikwissenschaften an der Universität der Picardie Jules Verne in Amiens. Er hat zahlreiche Bücher zur Kritischen Theorie, zum Nationalsozialismus und Kolonialismus veröffentlicht. In Deutsch liegen vor: Auschwitz denken. Die Intellektuellen und die Shoa. Hamburg 2000; Nach Auschwitz. Köln 2000; Die Marxisten und die jüdische Frage. Geschichte einer Debatte (1843-1943). Mainz 1995. Und mehrere Aufsätze in den Bänden der jour fixe initiative berlin.

Von der jour fixe initiative berlin bei Unrast erschienen:
Theorie des Faschismus, 2000
Wie wird man fremd?, 2001
Geschichte nach Auschwitz, 2002
Kunstwerk und Kritik, 2003
Fluchtlinien des Exils, 2004
Klassen und Kämpfe, 2006
Daniel Bensaïd: Eine Welt zu verändern, 2006

jour fixe initiative berlin:
Hartmut Amon, Titus Engelschall, Klaus Holz, Elfriede Müller, Alexander Ruoff, Kerstin Schoof, Margot Tuzina, Stefan Vogt
www.jourfixe.net

Enzo Traverso

Gebrauchsanweisungen für die Vergangenheit

Geschichte, Erinnerung, Politik

Aus dem Französischen von Elfriede Müller

Herausgegeben von der jour fixe initiative berlin

UNRAST

Bibliografische Information der Deutschen Bibliothek:
Die Deutsche Bibliothek verzeichnet diese Publikation in der Deutschen Nationalbibliografie; detaillierte bibliografische Daten sind im Internet über http://dnb.dbb.de abrufbar.

Dieses Buch erscheint im Rahmen des Förderprogramms des französischen Außenministeriums, vertreten durch die Kulturabteilung der französischen Botschaft in Berlin.

jour fixe initiative berlin (Hg.)
Enzo Traverso
Gebrauchsanweisungen für die Vergangenheit
Geschichte, Erinnerung, Politik

1. Auflage | Juli 2007
ISBN 978-3-89771-470-0

Postfach 8020 | 48043 Münster
Tel. 0521-66 62 93 | info@unrast.de
Mitglied in der assoziation Linker Verlage | aLiVe

Umschlaggestaltung, -foto und Satz: kv
Druck: Interpress | Budapest

Inhalt

Zur Erinnerung an Roland Lew (1944–2005)

„Geschichte ist immer gegenwärtig, d. h. politisch ...“
Antonio Gramsci, Gefängnishefte

Einleitung

Die plötzliche Aktualität der Erinnerung

Wenig Worte sind so abgedroschen wie „Erinnerung". Die Verbreitung des Begriffs ist umso beeindruckender, weil er ziemlich spät von den Sozialwissenschaften entdeckt wurde. In den Sechziger- und Siebzigerjahren kam er in den intellektuellen Auseinandersetzungen nicht vor. Er taucht weder in der 1968er Ausgabe der *International Encyclopedia of the Social Sciences* auf, publiziert in New York unter der Leitung von David L. Sills, noch in dem Sammelband *Faire de l'histoire*, 1974 unter der Leitung von Jacques Le Goff und Pierre Nora publiziert, noch in *Keywords* von Raymond Williams, einem der Pioniere der Kulturgeschichte.[1] Einige Jahre später war der Begriff fest in der historischen Debatte verankert. Die „Erinnerung" wird oft als Synonym von Geschichte verwendet und hat die Neigung, Geschichte zu absorbieren, indem sie selbst zu einer Art metahistorischer Kategorie mutiert. Die Erinnerung fasst die Vergangenheit in einem viel großmaschigeren Netz, als es die traditionellerweise „Geschichtswissenschaft" genannte Disziplin vermag, und sie verknüpft die Vergangenheit mit einer viel größeren Dosis an Subjektivität des „Erlebten". Kurz, die Erinnerung erscheint als eine weniger trockene und „menschlichere" Geschichtswissenschaft.[2]

Sie erobert heute den öffentlichen Raum der westlichen Gesellschaften: Die Vergangenheit begleitet die Gegenwart und besetzt in ihrer kollektiven Vorstellungswelt eine durch die Medien verstärkte „Erinnerung", häufig angeleitet von der öffentlichen Hand. Sie transformiert sich in eine „Gedenkobsession", und die Aufwertung, ja die Sakralisierung der „Geschichtsorte" erzeugt eine wahrhafte „Topolatrie"[3]. Die ausufernde und überfrachtete Erinnerung prägt den Raum.[4] Von nun an läuft alles darauf hinaus, Erinnerung zu sein. Die Vergangenheit verwandelt sich in eine kollektive Erinnerung, nachdem sie je nach kulturellem Empfinden, ethischen Gesichtspunkten und politischen

1 Sills, David L. (Hrsg.): International Encyclopedia of the Social Sciences. New York 1968. 7 Bände. Le Goff, Jacques, und Pierre Nora (Hrsg.): Faire de l'histoire. Paris 1974. Williams, Raymond: Keywords. A Vocabulary of Culture and Society. London 1976.

2 Vgl. Klein, Kerwin Lee: On the Emergence of Memory in Historical Discourse. In: Representations. 2000. Nr. 69. S. 129.

3 Reichel, Peter: Vergangenheitsbewältigung in Deutschland. München 2001. S. 15f.

4 Maier, Charles: A Surfeit of Memory? Reflections on History, Melancholy and Denial. In: History & Memory. Yale 1993. S. 136–151.

Neigungen ausgewählt und neu interpretiert wurde. So entstand der „Erinnerungstourismus“ mit seiner Umwandlung historischer Stätten in Museen und Orte für Gruppenreisen, ausgestattet mit entsprechender Infrastruktur (Hotels, Restaurants, Museumsshops usw.) und bekannt gemacht durch gezielte Werbestrategien. Forschungszentren und lokale Geschichtswerkstätten werden diesem Erinnerungstourismus einverleibt, manchmal hängt ihre Existenz von ihm ab.

Einerseits entspricht dieses Phänomen zweifellos einem Prozess der *Verdinglichung der Vergangenheit,* d. h. ihrer Verwandlung in ein Konsumprodukt, ästhetisch, neutral und rentabel, bereit, von der Tourismus- und Kulturindustrie übernommen und verwertet zu werden, vor allem dem Kino. An diesem Prozess ist der Historiker oft dazu aufgerufen, sich als Fachmann zu beteiligen, der den Worten von Olivier Dumoulin zufolge aus seiner Kunst ein „Konsumprodukt“ macht, das denen gleicht, die unsere Gesellschaften überfluten. Die amerikanische *Public History,* mit ihren Historikern, die für Institutionen arbeiten oder sogar privaten Firmen und ihrer Rentabilitätslogik unterworfen sind, zeigt uns seit langem den Weg.[5] Andererseits ähnelt dieses Phänomen in vielen Punkten dem, was Eric Hobsbawm „die Erfindung der Tradition“[6] nannte: eine reale oder mystische Vergangenheit entwerfen – für die ritualisierte Praktiken entwickelt werden, die den Zusammenhalt einer Gruppe oder einer Gemeinschaft verstärken sollen –, bestimmten Institutionen eine Legitimität verleihen, Werte in einer Gesellschaft verankern. Anders ausgedrückt, versucht die Erinnerung der Träger einer *Alltagsreligion* der westlichen Welt zu werden, mit ihrem Wertesystem, ihrem Glauben, ihren Symbolen und Liturgien.[7]

Woher kommt diese Erinnerungsbesessenheit? Ihre Triebfedern sind vielfältig, aber sie resultiert vor allem aus einer *Vermittlungs*krise der Gesellschaften. Hier nutzt die von Walter Benjamin vorgeschlagene Unterscheidung zwischen „Erfahrung“ und „Erlebnis“. Die erste überträgt sich fast natürlich von einer Generation zur nächsten, schmiedet Gruppenerinnerungen und Gesellschaften von langer Dauer. Die zweite ist das individuelle Erlebnis, fragil, flüchtig, vergänglich. Im *Passagen-Werk* betrachtet Benjamin dieses „Erlebnis“

5 Dumoulin, Olivier: Le Rôle social de l‘historien. De la chaire au prétoire. Paris 2003. S. 343.

6 Hobsbawm, Eric: Introduction: Inventing Traditions. In: Hobsbawm, Eric, und T. Ranger (Hrsg.): The Invention of Tradition. Cambridge 1983. S. 9.

7 Über das Konzept der »Alltagsreligion« vgl. vor allem Gentile, Emilio: Les Religions de la politique. Entre démocraties et totalitarismes. Paris 2005. Der Text ist stark von George L. Mosse geprägt.

als einen Zug der Moderne, mit ihrem Rhythmus und den Metamorphosen des städtischen Lebens, den Choks der Massengesellschaft, dem kaleidoskopischen Chaos des geschäftigen Universums. Die *Erfahrung* ist typisch für die traditionellen Gesellschaften, das *Erlebnis* gehört zu den modernen Gesellschaften, einerseits als anthropologisches Zeichen des Liberalismus, des besitzergreifenden Individualismus, andererseits als Produkt der Katastrophen des 20. Jahrhunderts, mit ihren Traumata, die sich auf ganze Generationen auswirkten, ohne vererbt zu werden und sich in den natürlichen Ablauf des Lebens einzuschreiben.

Die Moderne ist Benjamin zufolge durch den Niedergang der übertragenen Erfahrung gezeichnet, einen Niedergang, der symbolisch durch den Ersten Weltkrieg ausgelöst wurde. Während dieses starken europäischen Traumas wurden mehrere Millionen Menschen – vor allem junge Bauern, die gelernt hatten, mit ihren Vorfahren nach dem Rhythmus der Natur zu leben – brutal aus ihrem sozialen und mentalen Universum gerissen[8]: „Eine Generation, die noch mit der Pferdebahn zur Schule gefahren war, stand unter freiem Himmel in einer Landschaft, in der nichts unverändert geblieben war als die Wolken und unter ihnen, in einem Kraftfeld zerstörender Ströme und Explosionen der winzige, gebrechliche Menschenkörper."[9] Die Millionen von der Front zurückgekehrten, stummen und unter Gedächtnisverlust leidenden Soldaten, erschüttert durch die *shell shocks* der schweren Artillerie, die ununterbrochen die feindlichen Schützengräben beschoss, versinnbildlichen diese Zäsur zwischen zwei Epochen: derjenigen der Tradition, geschmiedet durch die vererbte Erfahrung, und derjenigen der Katastrophen, die sich den natürlichen Mechanismen der Vermittlung von Erinnerung entzieht. Die Missgeschicke des *smemorato di Collegno* – eines unter Gedächtnisverlust leidenden ehemaligen Soldaten mit einer doppelten Identität, zunächst Philosoph aus Verona und dann Drucker in Turin –, die die Italiener zwischen den Kriegen begeisterten und die Werke von Luigi Pirandello, José-Carlos Mariátegui und Leonardo Sciascia inspirierten, sind Teil dieser tiefgehenden Veränderung der europäischen Erinnerungslandschaft.[10]

Eigentlich schloss der Erste Weltkrieg nur mit wilden Zuckungen einen Prozess ab, dessen Ursprünge Edward P. Thompson in einem Essay über den

8 Zu diesem Thema siehe vor allem Gibelli, Antonio: L'officina della guerra. La Grande Guerra e le trasformazioni del mondo mentale. Turin 1990.

9 Benjamin, Walter: Der Erzähler. Betrachtungen zum Werk Nikolai Lesskows. In: Gesammelte Schriften. Band II. 2. Frankfurt/M. 1977. S. 439.

10 Vgl. das Stück von Pirandello *Come tu mi vuoi* und von Sciascia, Leonardo: Il teatro della memoria. La sentenza memorabile. Mailand 2004.

Beginn des mechanischen, produktiven und disziplinären Zeitalters der Industriegesellschaft meisterhaft analysiert hat.[11] Andere Traumata haben die „erlebte Erfahrung" des 20. Jahrhunderts gezeichnet: in Form von Kriegen, Genoziden, ethnischen Säuberungen oder politischer und militärischer Repression. Die daraus resultierende Erinnerung ist weder ephemer noch fragil, sie prägte mehrere Generationen, die die Realität nicht anderes als in Gestalt eines gespaltenen Universums wahrnehmen konnten, aber sie ergibt keine Alltagserfahrung, die einer neuen Generation vermittelbar wäre.[12] Eine erste Antwort auf unsere zu Beginn gestellte Frage könnte lauten: Die Erinnerungsobsession von heute folgt aus dem Niedergang der vermittelten Erfahrung in einer Welt, die ihre Orientierung verloren hat, verstümmelt durch Gewalt und atomisiert durch ein soziales System, das Traditionen ausradiert und Existenzen zerstückelt.

Aber man muss nach den Formen dieser Obsession fragen. Die Erinnerung – also die kollektiven Repräsentationen der Vergangenheit, wie sie sich in der Gegenwart herausbilden – strukturiert die sozialen Identitäten, indem sie diese in eine historische Kontinuität einschreibt und ihnen einen Sinn verleiht, d. h. einen Inhalt und eine Richtung. Die menschlichen Gesellschaften besaßen immer und überall eine kollektive Erinnerung und pflegten sie mit Riten, Zeremonien, ja sogar mit *Politikformen*. Die Grundstrukturen der kollektiven Erinnerung liegen im Gedenken an die Toten. In der westlichen Welt sind die Riten und Denkmäler traditionellerweise der christlichen Transzendenz gewidmet – der Tod als Durchgang zum Höheren –, und gleichzeitig bestätigen sie die sozialen Hierarchien auf Erden. In der Moderne veränderten sich die Gedenkfeiern. Einerseits demokratisierten sie sich mit dem Ende der Feudalgesellschaften, indem sie die gesamte Gesellschaft mit einbezogen; andererseits säkularisierten sie sich und wurden funktionaler, indem sie neue Botschaften an die Lebenden adressierten. Ab dem 19. Jahrhundert widmeten sich die Denkmäler säkularen Werten (dem Vaterland), verteidigten ethische (das Gute) und politische (die Freiheit) Prinzipien oder feierten Begründungsereignisse (Kriege, Revolutionen). Sie beginnen Symbole eines Nationalgefühls zu werden, das als Alltagsreligion gelebt wird. Reinhart Koselleck zufolge schafft der Schwund christlicher Todesdeutung „so einen Freiraum für rein

11 Thompson, E. P.: Temps, discipline du travail et capitalisme industriel. Vorwort von Alain Maillard. Paris 2004.

12 Vgl. Agamben, Giorgio: Kindheit und Geschichte. Zerstörung der Erfahrung und Ursprung der Geschichte. Frankfurt/M. 2004.

politische und soziale Sinnstiftungen".[13] Eingeführt mit der französischen Revolution, der Wiege der ersten demokratischen Kriege der Moderne, verstärkte sich das Phänomen nach dem Ersten Weltkrieg, als die Denkmäler für die im Kampf gefallenen Soldaten den öffentlichen Raum jedes Dorfes zu markieren begannen.

Heute beschäftigt sich die Trauerarbeit mit einem anderen Gegenstand und nimmt andere Formen an. In dieser Jahrhundertwende wird Auschwitz zur Grundlage der kollektiven Erinnerung in der westlichen Welt. Die Erinnerungspolitik – offizielle Gedenkfeiern, Museen, Filme usw. – versucht aus der Shoah die Metapher des 20. Jahrhunderts zu machen als einer Zeit der Kriege, der Totalitarismen, der Genozide und der Verbrechen gegen die Menschlichkeit. Den Platz im Mittelpunkt dieses Repräsentationssystems nimmt eine neue Figur ein, die des *Zeitzeugen*, des Überlebenden der nazistischen Lager. Seine Erinnerung und das Gehör, das man ihm schenkt (nach Jahrzehnten der Indifferenz), erschütterten die Historiker und brachten ihre Baustelle in Unordnung und ihre Arbeitsweise durcheinander. Zum einen mussten sie die Grenzen ihrer traditionellen Vorgehensweisen in der Geschichtsschreibung feststellen – die Grenzen der Quellen und der unabdingbaren Beiträge der Zeitzeugen – beim Versuch, die Erfahrungen des Universums der Konzentrationslager und der nazistischen Vernichtungsmaschine zu rekonstruieren. Der Zeitzeuge kann faktische Elemente beisteuern, die über andere Quellen nicht sondierbar sind, er kann aber auch und vor allem helfen, die *Qualität* einer historischen Erfahrung wiederherzustellen, deren Konsistenz durch die Erlebnisse der Akteure bereichert wird. Zum anderen stellt der Eintritt der Erinnerung in die Baustelle der Historiker bestimmte solide Paradigmen in Frage. Beispielsweise die einer strukturellen Geschichte, wahrgenommen als Akkumulationsprozess von langer Dauer und aus verschiedenen Schichten (Territorium, Demographie, Austausch, Institutionen, Mentalitäten), der es ermöglicht, die globalen Koordinaten einer Epoche zu erfassen, aber der Subjektivität der Männer und Frauen, die Geschichte *machen*, wenig Platz einräumt.[14]

Um eine Formulierung von Annette Wieviorka aufzugreifen, sind wir in die „Ära des Zeitzeugen" eingetreten, der von nun an auf einem Sockel steht

13 Koselleck, Reinhart: Kriegerdenkmale als Identitätsstiftungen der Überlebenden. In: Marquard, Odo, und Karlheinz Stierle (Hrsg.): Identität. München 1979. S. 255–276, hier 259.

14 Vgl. unter den zahlreichen Beiträgen zu dieser historischen Debatte die Synthese von Noiriel, Gérard: Sur la »crise« de l'histoire. Paris 1996.

und eine Vergangenheit verkörpert, deren Erinnerung als zivile Aufgabe verordnet wird.[15] Ein anderes Zeichen dieser Epoche ist, dass der Zeitzeuge mehr und mehr als *Opfer* identifiziert wird. Die Überlebenden der nazistischen Vernichtungslager, ignoriert über Jahrzehnte, werden heute ungefragt zu lebenden Ikonen. Sie werden auf eine Haltung festgelegt, die sie sich nicht ausgesucht haben und die nicht immer ihrem Bedürfnis entspricht, ihre Erfahrung zu vermitteln. Andere Zeugen, die weiland auserkoren wurden, Helden zu sein, wie z. B. die Widerständler, die zu den Waffen gegriffen hatten, um den Faschismus zu bekämpfen, haben ihre Aura verloren oder sind vergessen worden, verschlungen vom „Ende des Kommunismus", der mit seinen Mythen aus der Geschichte verschwunden ist und in seinem Fall die Utopien und Hoffnungen mitriss, die er verkörperte. Die Erinnerung dieser Zeugen interessiert kaum noch jemanden in einer Zeit der Humanitätsduselei, wo es keine *Besiegten*, sondern nur noch *Opfer* gibt. Diese Asymmetrie der Erinnerung – die Sakralisierung der vorher ignorierten Opfer und das Vergessen der einst idealisierten Helden – zeigt, dass die kollektive Erinnerung stark in der Gegenwart verankert ist, inklusive ihrer Mutationen und paradoxen Verkehrungen.

Die Erinnerung wird immer in der Gegenwart durchexerziert, die ihre Modalitäten bestimmt: die Auswahl der Ereignisse, deren Erinnerung es zu bewahren gilt (und die Zeitzeugen, die es zu hören gilt), ihre Interpretation, ihre „Lehren" usw. Sie transformiert sich in ein politisches Mittel und nimmt die Form einer ethischen Aufforderung an – die „Erinnerungsarbeit" –, die häufig zur Quelle des *Missbrauchs* wird.[16] Es gibt zahlreiche Beispiele dafür. Alle Kriege der letzten Jahre, der erste und zweite Golfkrieg, die Kriege im Kosovo und in Afghanistan, sind *auch* Kriege der Erinnerung, denn sie wurden durch das rituelle Heraufbeschwören der Erinnerungsarbeit gerechtfertigt. Saddam Hussein, Arafat, Milošević und George W. Bush wurden in Demonstrationsslogans, auf Plakaten, in den Medien und in Diskursen bestimmter politischer Leitfiguren mit Hitler verglichen. Der politische Islamismus wird oft mit dem Fanatismus der Nazis gleichgesetzt. Der israelische Historiker Tom Segev erklärt, dass Menachem Begin die israelische Invasion des Libanon 1982 als Wiedergutmachung, als Ersatzhandlung einer jüdischen Armee verstand, die die Nazis 1943 aus Warschau verjagt hatte.[17] 2002 erklär-

15 Wieviorka, Annette: L'Ère du témoin. Paris 1998.
16 Todorov, Tzvetan: Les Abus de la mémoire. Paris 1995.
17 Segev, Tom: Die siebte Million. Der Holocaust und Israels Politik der Erinnerung. Reinbek 1995. S. 525.

te das zentrale Konsistorium der Israeliten Frankreichs, dass dieses Land sich vor einer Welle des Antisemitismus befinde, die verglichen werde könne mit der, die in der „Reichskristallnacht" 1938 in Nazideutschland wütete.[18] Für den portugiesischen Schriftsteller José Saramago dagegen ist die israelische Besatzung der palästinensischen Gebiete mit dem Holocaust vergleichbar.[19] Während des Jugoslawienkriegs betrachteten die serbischen Nationalisten die ethnischen Säuberungen gegen die Albaner des Kosovo als Rache für die frühere ottomanische Unterdrückung, während in Frankreich die professionellen Antikommunisten in den Bomben auf Belgrad eine Verteidigung der Freiheit gegen den Totalitarismus zu erkennen glaubten. Die Liste kann weitergeführt werden. Die politische Dimension der kollektiven Erinnerung (und deren Missbräuche) muss sich unweigerlich auf die Geschichtsschreibung auswirken.

Dieses Buch untersucht die Beziehungen zwischen Geschichte und Erinnerung und analysiert bestimmte Aspekte des öffentlichen Gebrauchs der Vergangenheit. Das Material für ein derartiges Unterfangen ist unerschöpflich. Ich stütze mich auf einige bekannte Themen, über die ich in den letzten Jahren gearbeitet habe. Andere, die genauso wichtig sind, sind von diesem Essay ausgeschlossen oder werden kaum erwähnt. Dieser Text ist Teil einer größeren offenen Debatte.

---

18 Vgl. Libération vom 2. April 2002.

19 Vgl. Bédarida, Chatherine: Le faux pas du romancier José Saramago. In: Le Monde. 29. März 2002.

I. Kapitel:

Geschichte und Erinnerung: ein widersprüchliches Paar?

Wieder erinnern

Geschichte und Erinnerung entstehen aus demselben Anliegen heraus und teilen denselben Gegenstand: die Ausarbeitung der Vergangenheit. Aber es besteht eine „Hierarchie" zwischen beiden. Man könnte mit Paul Ricœur behaupten, dass die Erinnerung den Status einer Matrix besitzt.[20] Geschichte ist Berichterstattung, ein Schreiben über Vergangenheit nach Modalitäten und Regeln des Metiers – eine Kunst oder, in Anführungsstrichen, eine „Wissenschaft", die versucht auf die von der Erinnerung aufgeworfenen Fragen zu antworten. Geschichte entsteht also aus der Erinnerung, macht sich aber davon frei, indem sie sich von der Vergangenheit distanziert und sie mit den Worten von Oakeshott als „eine Vergangenheit um ihrer selbst willen" betrachtet.[21] Sie schaffte es schließlich, aus der Erinnerung ein Forschungsfeld zu machen, wie man es am Beispiel der Zeitgeschichte feststellen kann. Die Geschichte des 20. Jahrhunderts, auch „Zeitgeschichte" genannt, analysiert die Aussagen von Zeitzeugen und integriert die mündlichen Quellen auf gleicher Ebene wie die Quellen aus den Archiven und andere materielle oder schriftliche Dokumente. Also entsteht Geschichte in der Erinnerung, also ist sie eine ihrer Dimensionen. Und indem sie eine selbstreflexive Haltung einnimmt, transformiert sie die Erinnerung in einen ihrer Forschungsgegenstände.

Proust bleibt eine verbindliche Referenz für jedes Nachdenken über Erinnerung. In seinen Kommentaren zu *Auf der Suche nach der verlorenen Zeit* unterstreicht Walter Benjamin, dass Proust „nicht ein Leben, wie es gewesen ist, in seinem Werke beschrieben hat, sondern ein Leben, so wie der, der's erlebt hat, dieses Leben erinnert". Er übersetzt „mémoire involontaire" von Proust als spontanes Eingedenken: „Und ist dies Werk spontanen Eingedenkens, in dem Erinnerung der Einschlag und Vergessen der Zettel ist, nicht vielmehr ein Gegenstück zum Werk der Penelope als sein Ebenbild? Den hier löst der Tag auf, was die Nacht wirkte. An jedem Morgen halten wir, erwacht, meist

20 Ricœur, Paul: Gedächtnis, Geschichte, Vergessen. München 2004. S. 150. Die gleiche Position wurde schon vehement vertreten von Hutton, Patrick H.: History as an Art of Memory. Hanover 1993.

21 Oakeshott, Michael, und Klaus Streifthau: Rationalismus in der Politik. Neuwied, Berlin 1966. S. 160.

schwach und lose, nur an ein paar Fransen den Teppich des gelebten Daseins, wie Vergessen ihn in uns gewoben hat, in Händen."[22]

Aus der gelebten Erfahrung schöpfend, ist die Erinnerung ausgesprochen *subjektiv.* Sie ist in den Handlungen verankert, denen wir beiwohnten, deren Zeugen, ja sogar Akteure wir waren, und den Eindrücken, die in unserem Bewusstsein eingegraben sind. Sie ist qualitativ, einzigartig, nicht bedacht auf Vergleich, Zusammenhänge, Verallgemeinerung. Sie benötigt keine Beweise für den, der sie in sich trägt. Der Bericht über die Vergangenheit eines Zeitzeugen – vorausgesetzt, dass es sich nicht um einen Lügner handelt – wird immer *seine* Wahrheit sein, d. h. das Bild der Vergangenheit, das in ihm ruht. Durch ihren subjektiven Charakter ist die Erinnerung niemals festgelegt. Sie ähnelt vielmehr einer offenen Baustelle, die sich in ständigem Wandel befindet. Nicht nur, weil sich nach Benjamins Metapher „der Stoff Penelopes" jeden Tag verändert, weil das Vergessen auf uns lauert, um später wieder aufzutauchen, manchmal sehr viel später, in einer anderen Form als die erste Erinnerung. Nicht nur die Zeit unterhöhlt und schwächt die Erinnerung. Die Erinnerung ist eine Konstruktion, sie wird immer gefiltert durch die später gewonnenen Erkenntnisse, durch die Reflexion, die dem Ereignis folgt, durch andere Erfahrungen, die sich über die erste schieben und die Erinnerung modifizieren.

Das klassische Beispiel repräsentieren die Überlebenden der nazistischen Lager. Der Bericht eines ehemaligen jüdischen und kommunistischen Deportierten über seinen Aufenthalt in Auschwitz unterscheidet sich häufig, je nachdem, was er vor oder nach seinem Bruch mit der Kommunistischen Partei erlebt hat. Während der Fünfzigerjahre stellt er seine politische Identität in den Vordergrund und präsentiert sich als antifaschistischen Deportierten. Später, in den Achtzigerjahren, betrachtet er sich vor allem als jüdischen Deportierten, verfolgt als Jude und Zeuge der europäischen Judenvernichtung. Selbstverständlich wäre es absurd, zwischen wahr und falsch in diesen beiden Zeugnissen derselben Person in zwei unterschiedlichen Momenten ihres Lebens zu unterscheiden. Beide sind authentisch, aber jede beleuchtet einen Teil der durch die Sensibilität, die Kultur und auch die identitären, ja ideologischen Repräsentationen der Gegenwart gefilterten Wahrheit. Kurz, die Erinnerung, ob individuell, ob kollektiv, ist ein Bild der Vergangenheit, die immer durch den Filter der Gegenwart betrachtet wird. In diesem Sinn de-

---

22 Benjamin, Walter: Zum Bilde Prousts. In: Illuminationen. Ausgewählte Schriften. Frankfurt/M. 1980. S. 335f.

finierte Benjamin die Vorgehensweise von Proust als „Vergegenwärtigung"[23]. Es wäre illusorisch, „das Gewesene" als eine Art Fixpunkt zu betrachten, an das man sich durch eine mentale Rekonstruktion *a posteriori* annähern könne. Das „Gewesene" ist zu einem großen Teil durch die Gegenwart geprägt, die Erinnerung „legt die Fakten fest": Benjamin zufolge handelt es sich dabei um eine „kopernikanische Wendung in der geschichtlichen Anschauung".[24] Er bestätigt dieses Konzept im Kapitel „Erkenntnistheoretisches, Theorie des Fortschritts" im *Passagen-Werk*, wenn er von einer „Telescopage der Vergangenheit durch die Gegenwart" schreibt und fortfährt, „es ist die Gegenwart, die das Geschehen in Vor- und Nachgeschichte polarisiert". Die Geschichte, so Benjamin, ist „nicht allein eine Wissenschaft, sondern nicht minder eine Form des Eingedenkens".[25]

Desselben Geistes Kind ist das „Gegenwartsgefühl", der Begriff von François Hartog, um eine Situation zu beschreiben, in der „die Gegenwart das Maß aller Dinge ist", eine Gegenwart, die „ohne Zukunft und ohne Vergangenheit" beide je nach Bedürfnis ständig mitproduziert.[26] Auch die Geschichte, die eigentlich nur ein Teil der Erinnerung ist, wie Ricœur feststellte, wird immer in der Gegenwart geschrieben. Um als unabhängiges Erkenntnisfeld zu existieren, muss sie sich von der Erinnerung freimachen, sie nicht verwerfen, aber auf Distanz zu ihr gehen.

Die Debatte der letzten Jahre um die „Einzigartigkeit" des Genozids an den Juden ist eine gute Illustration dieses Phänomens.[27] Das Entstehen dieser Kontroverse auf der historischen Baustelle geht auf die Entwicklung der jüdischen Erinnerung zurück, auf ihr Auftauchen im öffentlichen Raum und ihr Zusammenspiel mit der traditionellen Forschungspraxis, konfrontiert mit den Autobiographien und den audiovisuellen Archiven, die die Zeugnisse der Überlebenden sammeln. Auch wenn eine derartige „Kontaminierung" der Geschichtswissenschaft durch die Erinnerung sich als sehr fruchtbar erwies, sollte sie deshalb eine methodische Feststellung nicht verdecken, die so banal

23 Ebenda. S. 345.

24 Benjamin, Walter: Das Passagen-Werk. 2 Bände. Frankfurt/M. 1982. Band 1. S. 490.

25 Ebenda. S. 588f.

26 Hartog, François: Régimes d'historicité. Présentisme et expériences du temps. Paris 2003. S. 126.

27 Ich beziehe mich hier auf eine Reflexion, der ich schon in meinem Essay *La singularité d'Auschwitz. Hypothèses, problèmes et dérives de la recherche historique* vertieft habe. In: Coquio, Cathérine (Hrsg.): Parler des camps, penser les génocides. Paris 1999. S. 128–140.

wie grundsätzlich ist, nämlich dass die Erinnerung die Geschichte *einzigartig* macht, weil sie tiefgehend subjektiv ist, selektiv, oft die Chronologie nicht respektiert, ihr die Rekonstruktionen des Ganzen, die verallgemeinernden Rationalisierungen egal sind. Ihre Wahrnehmung der Vergangenheit kann nur ganz und gar einzigartig sein. Wo der Historiker nur eine Etappe in einem Prozess erkennt, einen Aspekt eines komplexen Ganzen, kann der Zeitzeuge ein entscheidendes Ereignis sehen, ein Leben, das auf der Kippe steht. Der Historiker kann die aus Auschwitz erhaltenen Fotos entschlüsseln, analysieren und erklären. Er weiß, dass diejenigen, die aus den Zügen steigen, Juden sind, er weiß, dass die SS, die sie beobachtet, eine Auswahl treffen wird und dass die meisten Personen auf diesem Bild nur noch wenige Stunden leben werden.

Einem Zeitzeugen sagt dieses Foto viel mehr. Es löst Gefühle aus, erinnert ihn an Geräusche, Stimmen, Gerüche, Angst und an das Fremdsein bei der Ankunft im Lager. An die Müdigkeit einer langen Reise, die unter schrecklichen Bedingungen stattfand, zweifellos auch an den Rauch der Krematorien. Anders ausgedrückt, erinnert sie ihn an eine Gesamtheit von einzelnen Bildern und Ereignissen, die dem Historiker nicht unmittelbar zugänglich sind, sondern nur auf der Grundlage eines Berichtes *a posteriori,* Quelle einer vergleichbaren Empathie, wie der Zeuge sie erlebt haben könnte. Das Foto eines *Häftlings* zeigt in den Augen des Historikers ein anonymes Opfer. Einen Verwandten, einen Freund oder einen Haftgenossen erinnert das Bild an eine einzigartige Welt. Für den externen Beobachter repräsentiert dieses Foto, wie Siegfried Kracauer sagen würde, eine „unerlöste" Realität.[28]

Die Gesamtheit dieser Erinnerung ist Teil der jüdischen Erinnerung, eine Erinnerung, die der Historiker nicht ignorieren kann und die er respektieren, untersuchen und verstehen muss, aber der er sich nicht unterordnen darf. Er hat nicht das Recht, die Besonderheit dieser Erinnerung in ein normatives Prisma der Geschichtsschreibung zu verwandeln. Seine Aufgabe besteht eher darin, diese Einzigartigkeit der gelebten Erfahrung in einen allgemeinen historischen Kontext einzuschreiben, indem er versucht die Gründe, die Bedingungen, die Strukturen, die Dynamik des Ganzen zu erhellen. Dies bedeutet, aus der Erinnerung zu lernen und sie dabei genau unter die Lupe zu nehmen, sie an der Objektivität zu messen, empirisch, dokumentarisch und faktisch, und wenn nötig, ihre Widersprüche und Fallen aufzudecken. Dies kann der Erinnerung helfen, genauer zu werden, einen klaren Rahmen zu finden, fordernder zu werden und das zu zeigen, was in der Neubetrachtung sich nicht

28 Kracauer, Siegfried: Die Photographie. In: Das Ornament der Masse. Essays. Frankfurt/M. 1977. S. 32, und vom selben Autor: Theory of Film. New York 1960. S. 14.

auf Fakten reduzieren lässt.[29] Auch wenn die Erinnerung *absolut* einzigartig sein kann, so ist die Einzigartigkeit der Geschichte immer *relativ*.[30] Für einen polnischen Juden bedeutet Auschwitz etwas schrecklich Einzigartiges: das Verschwinden des menschlichen, sozialen und kulturellen Universums, in dem er geboren wurde. Ein Historiker, der dies nicht begreift, wird niemals ein gutes Buch über die Shoah schreiben können, aber das Ergebnis seiner Forschung wäre nicht besser, wenn er die Schlussfolgerung zöge – wie es z. B. der amerikanische Historiker Steven Katz tut –, dass der Genozid an den Juden der einzige der Geschichte sei.[31] Eric Hobsbawm zufolge darf der Historiker sich keiner Universalisierung unterordnen: „Eine Geschichte, bestimmt nur für die Juden (oder die Schwarzen Amerikas, die Griechen, Frauen, Proletarier, Homosexuelle usw.), wäre keine gute Geschichte, auch wenn sie diejenigen stärkt, die sie sich ihr zugehörig fühlen."[32] Für die Historiker, die mit mündlichen Quellen arbeiten, ist es oft schwierig, ein Gleichgewicht zu finden zwischen Empathie und Distanz, Anerkennung der Besonderheiten und allgemeiner Perspektive.

Trennungen

Geschichte und Erinnerung bilden erst seit Anfang des 20. Jahrhunderts ein widersprüchliches Paar, als die Paradigmen des klassischen Historismus in die Krise gerieten und von der Philosophie (Bergson), der Psychoanalyse (Freud) und der Soziologie (Halbwachs) in Frage gestellt wurden. Bis dahin galt die Erinnerung als subjektives Substrat von Geschichte. Hegel zufolge besitzt Geschichte zwei sich ergänzende Dimensionen, eine objektive und eine subjektive: einerseits die Ereignisse (*res gestae*), andererseits ihre Narration (*historia rerum gestarum*); anders gesagt, das „Geschehene" und „die Geschichtserzählung".[33] Die Erinnerung begleitet den Lauf der Geschichte als Beschützerin,

29 Vgl. LaCapra, Dominick: History and Memory: In the Shadow of the Holocaust. In: History and Memory after Auschwitz. Ithaca 1998. S. 20.

30 Chaumont, Jean-Michel: Connaissance ou reconnaissance? Les enjeux du débat sur la singularité de la Shoah. In: Le Débat. Nr. 82. 1994. S. 87.

31 Katz, Steven: The Uniqueness of the Holocaust: The Historical Dimension. In: Rosenbaum, Alan S. (Hrsg.): Is the Holocaust Unique? Perspectives on Comparative Genocide. Boulder 1996. S. 19–38.

32 Hobsbawm, Eric: Identity History is not enough. In: On History. London 1997. S. 277.

33 Hegel, G. W. F.: Die Vernunft in der Geschichte. In: Werke in 20 Bänden und Register. Band 12. Vorlesungen über die Philosophie der Geschichte. Frankfurt/M. 1986.

weil sie seine „innerliche gemeinsame Grundlage" bildet, und beide finden ihre Erfüllung im Staat, dessen *geschriebene* Geschichte („die Prosa der Geschichte"[34]) wie ein Spiegel die eigentliche Rationalität reflektiert.

Hegel präsentiert diese staatliche Herrschaft über die Vergangenheit in der allegorischen Form des Konflikts zwischen Kronos, dem Gott der Zeit, und Zeus, dem Gott der Politik. Kronos verschlingt alles auf seinem Weg und lässt keine Spuren zurück. Zeus gelingt es, Kronos' Herr zu werden, denn er gründete den Staat, der in der Lage war, alles in Geschichte zu verwandeln, was Mnemosyne, die Göttin des Gedächtnisses, auf ihrem zerstörerischen Weg durch die Zeit zusammenklaubte. In der *Phänomenologie des Geistes* definiert die Erinnerung die Geschichtlichkeit des Geistes, der sich zum einen als „Erinnerung" manifestiert und zum anderen als Bewegung der „Er-Innerung", während der Staat den äußeren Ausdruck des Geistes konstituiert.[35] Hegel zufolge besitzen nur die Völker Erinnerung, die über einen Staat verfügen und mit einer geschriebenen Geschichte aufwarten können. Die anderen – die „geschichtslosen Völker", d. h. die nichteuropäische Welt, die nicht über eine staatliche Vergangenheit und ihren verschriftlichten Bericht verfügt – können nicht hinauskommen über das Stadium einer primitiven Erinnerung, die sich aus „wüster Phantasie" zusammensetzt, und sie sind unfähig, ein politisches Bewusstsein zu bilden.[36] Daraus ergibt sich eine doppelte Vision der Geschichte als abendländisches Vorrecht und als Dispositiv von Herrschaft. Geschichte gehört nicht nur allein zu Europa, sondern kann auch nur als Apologetik der Macht existieren,[37] was Benjamin als historistische Empathie mit den Siegern kritisierte.[38]

Nach der Krise des Historismus, der Infragestellung des eurozentrischen Paradigmas zur Zeit der Entkolonialisierung, als die subalternen Klassen sich als politische Subjekte ausbildeten, haben sich Geschichte und Erinnerung voneinander gelöst. Die Geschichte hat sich demokratisiert, sie überwand die

---

S. 83.

34 Ebenda. S. 83.

35 Hegel; G. W. F.: Phänomenologie des Geistes. In: Werke in 20 Bänden und Register. Band 3. Frankfurt/M. 1986. S. 590f. Vgl. zu diesem Thema die Kommentare von d'Hondt, Jacques: Hegel. Philosophe de l'histoire vivante. Paris 1987. S. 349–450.

36 Hegel, G. W. F.: Die Vernunft in der Geschichte. In: Werke in 20 Bänden und Register. Band 12. Vorlesungen über die Philosophie der Geschichte. Frankfurt/M. 1986. S. 85f.

37 Vgl. Guha, Ranajit: History at the Limit of World-History. New York 2002. Vor allem Kapitel III.

38 Benjamin, Walter: Über den Begriff der Geschichte. In: Illuminationen. Ausgewählte Schriften. Frankfurt/M. 1980. S. 254.

Grenzen des Abendlandes und das Monopol der herrschenden Eliten. Die Erinnerung emanzipierte sich von ihrer Abhängigkeit gegenüber der Schrift. Das Verhältnis zwischen Geschichte und Erinnerung bildete sich neu als dynamisches Spannungsverhältnis. Der Übergang vollzog sich weder linear noch schnell und ist eigentlich noch immer nicht abgeschlossen. Seit dreißig Jahren erweitern die Historiker ihre Quellen, aber sie ziehen weiterhin die Archive vor, die das Depot der Überreste einer Vergangenheit bleiben, die vom Staat konserviert wird. Es ist nicht sehr lange her, dass die „Subalternen" als Subjekte der Geschichte anerkannt und zum Forschungsgegenstand gemacht wurden, und seit noch kürzerer Zeit versucht man ihnen zuzuhören.

Noch 1963 behauptete François Furet, die subalternen Klassen nur auf einer quantitativen Ebene in die Geschichte integrieren zu können, indem er sie nur als Zeichen einer „Anzahl und des Anonymus" betrachtete, als „verlorene Elemente in der demographischen oder soziologischen Untersuchung", d. h. als Einheiten, die dazu verurteilt sind, „zu schweigen"[39]. Im Grunde bleiben für diesen Bewunderer Tocquevilles die arbeitenden Klassen weiterhin „Völker ohne Geschichte".

Die Veränderung stellte sich im Lauf der Sechzigerjahre ein. Das erste große Werk der Sozialgeschichte über die subalternen Klassen wurde 1963 veröffentlicht: *Die Entstehung der englischen Arbeiterklasse* von Edward P. Thompson, 1964 erschien *Psychologie und Geisteskrankheit* von Foucault, und der Beginn der Mikrogeschichte setzte 1976 ein, mit *Der Käse und die Würmer* von Carlo Ginzburg, der das Universum eines Müllers aus dem Friaul des 16. Jahrhunderts rekonstruiert.[40] Auch Frauen haben in der Geschichtsschreibung erst seit dreißig Jahren eine Geschichte.[41] Vorher waren sie wie die „geschichtslosen Völker" Hegels davon ausgeschlossen. Die *Subaltern Studies* entstanden in Indien Anfang der Achtzigerjahre. Ihr Ziel besteht darin, Geschichte neu zu schreiben, nicht mehr als „Werk Englands in Indien" oder als Geschichte der indischen Eliten, die unter der Kolonialherrschaft entstanden, sondern als Geschichte der „Subalternen", der Bevölkerung, der „kleinen Stimme" *(small voice)*, die es zu vernehmen gilt, die die „Prosa der Konterrevolution" in den staatlichen Archiven nicht rekonstruieren kann, weil ihre Aufgabe darin be-

---

39 Furet, François: Pour une définition des classes inférieures à l'époque moderne. In: Annales ESC. 1963. XVIII, Nr. 3. S. 459. Diese Passage wird von Carlo Ginzburg kritisiert in: Der Käse und die Würmer. Frankfurt/M. 1979. S. 15.

40 Thompson, E. P.: Die Entstehung der englischen Arbeiterklasse. Frankfurt/M. 1991. Foucault, Michel: Psychologie und Geisteskrankheit. Frankfurt/M. 1968. Ginzburg, Carlo: Der Käse und die Würmer. Frankfurt/M. 1979.

41 Perrot, Michelle: Les Femmes ou les silences de l'histoire. Paris 2001.

steht, sie zu verdrängen.[42] In diesen Kontext der Erweiterung von historischen Quellen und der Infragestellung ihrer traditionellen Hierarchien schreibt sich die Erinnerung als neue Baustelle in die Geschichtsschreibung ein.

Der Erste, der die Dichotomie zwischen den emotionalen Fluktuationen der Erinnerung und den geometrischen Konstruktionen des historischen Berichts kodifizierte, war Maurice Halbwachs in seinem mittlerweile zum Klassiker gewordenen Werk über das kollektive Gedächtnis. Er kritisierte den widersprüchlichen Charakter des Begriffs „historische Erinnerung", der zwei Elemente vereint, die in seinen Augen entgegengesetzt sind. Für Halbwachs beginnt Geschichte da, wo die Tradition aufhört und „das soziale Gedächtnis erlischt und sich zersetzt".[43] Geschichte und Erinnerung sind durch eine unüberwindbare Kluft getrennt. Geschichte setzt einen äußeren Blick auf die vergangenen Ereignisse voraus, wohingegen die Erinnerung eine innere Beziehung mit den berichteten Fakten impliziert. Die Erinnerung gibt die Vergangenheit an die Gegenwart weiter, wohingegen Geschichte die Vergangenheit in einer geschlossenen zeitlichen Ordnung fixiert, organisiert nach rationalen Verfahren, Antipoden der subjektiven Empfindsamkeit der Erfahrung. Die Erinnerung durchstreift die Epochen, wohingegen die Geschichte sie trennt.

Schließlich stellt Halbwachs die Vielheit der Erinnerungen – gebunden an die Individuen und Gruppen, die sie tragen und immer innerhalb eines bestimmten sozialen Rahmens entwickeln[44] – dem universellen Charakter der Geschichte gegenüber, die sich in Nationalgeschichten oder in einer Universalgeschichte dekliniert, aber die Koexistenz von mehreren Zeitebenen in einem Bericht ausschließt.[45] Kurz, Halbwachs stellt eine positivistische Geschichte – die wissenschaftliche Untersuchung der Vergangenheit ohne Zusammenspiel mit der Gegenwart – einer subjektiven Erinnerung gegenüber, die auf der Erfahrung der Individuen und der Gruppen beruht. Er radikalisiert die Perspektive und vergleicht die Diskrepanz, die Geschichte und Erinnerung trennt, mit der Gegenüberstellung von Bergson, von der mathematischen Zeit und der „erlebten Zeit".[46] Die Geschichte ignoriert laut Halbwachs die sub-

42 Guha, Ranajit: The Prose of Counter-Insurgency. In: Subaltern Studies. Nr. 2. Delhi 1983. S. 1–42, und: The Small Voice of History. In: Subaltern Studies Nr. 9. Delhi 1996. S. 1–12.

43 Halbwachs, Maurice: Das kollektive Gedächtnis. Stuttgart 1967. S. 66.

44 Halbwachs, Maurice: Das Gedächtnis und seine sozialen Bedingungen. Frankfurt/M. 2006.

45 Halbwachs, Maurice: Das kollektive Gedächtnis. Stuttgart 1967. S. 71.

46 Ebenda. S. 80. Vgl. vor allem Bergson, Henri: La Perception du changement. Paris 1959.

jektiven Wahrnehmungen der Vergangenheit und privilegiert die konventionellen Einteilungen, unpersönlich, rational und objektiv (er gibt als Beispiel die Universelle Chronologie von Dreyss an, 1858 in Paris erschienen).[47]

Diese Dichotomie hat jüngst wieder der Historiker Yosef Hayim Yerushalmi aufgenommen, der sich als Parvenü in der jüdischen Welt präsentiert. In einer von der Religion zusammengeschweißten Gemeinschaft schmiedete sich das Selbstverständnis im Lauf der Jahrhunderte dank einer ritualisierten Erinnerung, die die Modalitäten und die Rhythmen einer jüdischen Zeit fixiert, die von der Außenwelt getrennt ist. Deshalb entstand die jüdische Geschichtsschreibung aus einem Bruch mit der jüdischen Erinnerung, die als einzige zuvor eine Kontinuität garantiert hatte in Begriffen von Identität und Selbstrepräsentation innerhalb der jüdischen Welt. Dieser Bruch erwuchs aus der Emanzipation, die in einem kulturellen Assimilierungsprozess mit dem umgebenden Milieu aufkam, und innerhalb der Gemeinschaft durch die Auflösung der alten sozialen Ordnung, die um die Synagoge zentriert war. Die jüdische Geschichte – deren *Wissenschaft des Judentums* in Berlin zu Beginn des 19. Jahrhunderts entstand – schrieb sich in eine säkularisierte Welt ein, adoptierte die Zeitrechnungen der profanen Geschichte und konnte nicht anders, als durch ihre Modalitäten, ihre Quellen und Ziele mit der jüdischen Erinnerung zu brechen.[48]

Die Antinomie zwischen Geschichte und Erinnerung hat Pierre Nora bestätigt, der in den Achtzigerjahren die historische Debatte über die Erinnerung aktualisierte. Er nahm die These von Halbwachs auf, präsentierte aber eine komplexere Version der Verfahren von Geschichtsschreibung. Erinnerung und Geschichte, erklärte Nora, seien weit davon entfernt, Synonyme zu sein, sie wären „in jeder Hinsicht Gegensätze". Die Erinnerung sei „das Leben, (...) stets wird es von lebendigen Gruppen getragen und ist deshalb ständig in Entwicklung, der Dialektik des Erinnerns und Vergessens offen, es weiß nicht um die Abfolge seiner Deformationen, ist für alle möglichen Verwendungen und Manipulationen anfällig, zu langen Schlummerzeiten und plötzlichem Wiederaufleben fähig". Und diese „eine in ewiger Gegenwart erlebte Bindung" könne sich nicht der Geschichte assimilieren, der Repräsentation der Vergangenheit, die, obwohl problematisch und immer unvollständig, sich als objektiv und retrospektiv verstehe und auf Distanz gründe. Die Erinnerung ist „affektiv und magisch", sie neigt dazu, sich zu sakralisieren, wohingegen

47 Halbwachs, Maurice: Das kollektive Gedächtnis. Stuttgart 1967. S. 96.
48 Yerrushalmi, Yosef H.: Zachor. Jüdische Geschichte und jüdisches Gedächtnis. Hamburg 1996.

die Geschichte eine säkularisierte Vision der Vergangenheit darstellt, die sie als Grundlage für eine „kritische Argumentation" betrachtet. Die Erinnerung hat eine Neigung zum Einzigartigen. „Das Gedächtnis ist ein Absolutes, die Geschichte kennt nur das Relative."[49]

Nora sieht nur noch eine einzige Beziehung zwischen Geschichte und Erinnerung – die Analyse und Rekonstruktion der Erinnerung mit sozialwissenschaftlichen Methoden, die Teil der Geschichtswissenschaft sind. Mit dieser Perspektive hat er eine sehr ambitionierte geschichtswissenschaftliche Baustelle aufgemacht: die Nationalgeschichte, die die „Erinnerungsorte" rekonstruiert, das Territorium und die Landschaften, die Symbole und die Denkmäler, die Gedenkfeiern und die Archive, die Embleme und die Mythen, die Gastronomie und die Institutionen, Jeanne d'Arc und den Eiffelturm.

Die Risiken der Sakralisierung, Mystifizierung und Amnesie sind nicht nur ein Problem für die Erinnerung, sie lauern auch ständig der Geschichtsschreibung auf, und ein großer Teil der Neueren Geschichte und der Zeitgeschichte ist in diese Falle geraten. Noras Unternehmen hat dieses Schicksal ebenfalls ereilt, es bietet z. B. der kolonialen Vergangenheit Frankreichs einen sehr bescheidenen Raum in seinen „Erinnerungsorten". Seinem schärfsten Kritiker, Perry Anderson, zufolge reduziert Nora die französischen Kolonialkriege von der Eroberung Algeriens bis zur Niederlage in Indochina auf „eine Ausstellung exotischen Nippes, präsentiert auf der Weltausstellung von 1931. Was taugen die *Erinnerungsorte,* wenn sie Dien Bien Phu nicht erwähnen?"[50]

Genau wie die Erinnerung kann die Geschichtswissenschaft mit ihren weißen Flecken ihre Begründung und ihren Erfolg damit haben, dass sie andere Geschichten, andere Erinnerungen negiert. Laut Edward Said hat die israelische Archäologie es darauf anlegt, tausendjährige Spuren der jüdischen Vergangenheit in Palästina zum Vorschein zu bringen (einige sehen darin eine „nationale Archäologiereligion"). Sie haben die Erde mit eben solcher Entschlossenheit durchforstet, um die realen Spuren der arabisch-palästinensischen Vergangenheit zu zerstören.[51]

---

49 Nora, Pierre: Zwischen Geschichte und Gedächtnis. Berlin 1990. S. 13. In: Nora, Pierre (Hrsg.): Erinnerungsorte Frankreichs. München 2005. Eine interessante Analyse dieses Ansatzes, die ihn mit Lévi-Strauss' »warmen« und »kalten« Gesellschaften vergleicht, findet sich bei LaCapra, Dominick: History and Memory. In the Shadow of the Holocaust. In: History and Memory After Auschwitz. S. 18–22. Ithaca 1998.

50 Anderson, Perry: La Pensée tiède. Paris 2005. S. 53.

51 Said, Edward: Freud und das Nicht-Europäische. Zürich 2004. Die Definition der Archäologie als »nationale Religion« wurde von Neil Asher Silberman entwickelt: Structurer le passé. Les Israéliens, les Palestiniens et l'autorité symbolique des monu-

Allerdings muss dem Einfluss der Geschichte auf die Erinnerung Rechnung getragen werden, denn es gibt keine wortgetreue, originäre und nicht kontaminierte Erinnerung: Die Erinnerungen sind ständig durch eine in den öffentlichen Raum eingeschriebene Erinnerung beeinflusst, den kollektiven Denkformen ausgesetzt und auch durch die wissenschaftlichen Paradigmen der Repräsentation der Vergangenheit geprägt. Dies brachte hybride Formen hervor – manche Autobiographien gehören zu dieser Kategorie –, die der Erinnerung erlauben, die Geschichte erneut zu besuchen, indem sie die Auslassungen und vorschnellen Verallgemeinerungen der Geschichte unterstreichen und es der Geschichte ermöglichen, die Fallen der Erinnerung zu korrigieren, sie dazu veranlassen, sich in eine selbstreflexive Analyse und in einen kritischen Diskurs zu transformieren. Ein Werk wie *Die Untergegangenen und die Geretteten* von Primo Levi[52] formuliert Geschichte und Erinnerung in einem Bericht neuen Typs, nicht klassifizierbar, basierend auf einem Hin und Her zwischen beiden. Pierre Vidal-Naquet schildert in seiner Autobiographie seine Erinnerungen mit der Strenge des Historikers, der seine Quellen überprüft und seine Erinnerung der Kritik der Beweise aussetzt, und verleiht ihr die Form einer retrospektiven, oft kritischen Bilanz. Es handelt sich dabei nicht nur um *seinen* Bericht, präzisiert er im Vorwort, sondern er zieht darüber hinaus die Korrespondenz seiner Eltern hinzu, das Tagebuch seines Vaters und das seiner Schwester, das sie nach der Verhaftung und Deportation der Eltern begann. Vor allem aber stützt er sich auf die Kenntnis einer ganzen historischen Periode. „In diesem Sinn", schreibt er, „handelt es sich genauso um ein Geschichtsbuch, dessen Autor und Gegenstand ich gleichermaßen bin."[53] Diese beiden Beispiele fügen sich nicht ein in die Dichotomie von Halbwachs, Yerushalmi und Nora, denn sie sind sowohl Erinnerung als auch Geschichte.

Empathie

Dieser Gegensatz von Geschichte und Erinnerung ist sehr präsent in der Historiographie des Nationalsozialismus, deutlich erkennbar in der Korrespondenz von zwei großen Historikern in den Achtzigerjahren: Martin Broszat und

ments archéologiques. In: Hartog, François, und Jacques Revel (Hrsg.): Les Usages politiques du passé. Paris 2001.

52 München 1998.

53 Vidal-Naquet, Pierre: Mémoires I. La brisure et l'attente 1930–1955. Paris 1995.

Saul Friedländer.[54] Broszat forderte in seinem Plädoyer für eine Historisierung des Nationalsozialismus eine wissenschaftliche Vorgehensweise, um die Geschichtsschreibung von der „mythischen Erinnerung" der Opfer zu befreien und die aus moralischen Gründen wirkende Tendenz der „Isolierung" der Periode von 1933 bis 1945 zu brechen. Er respektiere selbstverständlich die Erinnerung der Überlebenden des jüdischen Genozid, doch solle sie nicht zu den Quellen des Historikers gehören und sich nicht in seine Arbeit einmischen. Angesichts dieses radikal positivistischen Ansatzes fragt man sich, ob sich dahinter nicht eine affektive Erinnerung verbirgt, die in der deutschen Nachkriegshistoriographie, vor allem des Nazismus, präsent ist, formuliert von der „Generation der Hitlerjugend".[55] Egal, wie man die – oft beeindruckenden – Ergebnisse dieser Geschichtsschreibung beurteilen mag, eine Feststellung drängt sich auf: Charakteristisch ist, dass die meisten Repräsentanten dieser Generation die Opfer des Nazismus aus ihrem Forschungsfeld ausschließen, um nicht zu sagen, aus ihrem erkenntnistheoretischen Horizont. Dieser Ansatz setzt sich in den Arbeiten einer neuen Historikergeneration fort, die sich häufig auf die Analyse der nazistischen Mordmaschine konzentriert, sich aber selten für die Zeugnisse der Opfer interessiert. In dieser Historiographie bleiben die Opfer im Hintergrund, anonym und schweigsam.[56]

Dieses Problem könnte auch aus einer anderen Perspektive betrachtet werden: Die Verdrängung der *Schuldfrage* und der Verbrechen der Nazis – führte sie nicht auch dazu, die Bombardierungen, die die deutschen Städte zerstörten, zu tabuisieren, ein Thema, das bis vor kurzem sowohl in der Literatur, als auch in Film und Historiographie ignoriert wurde? Diese Hypothese vertritt W. G. Sebald, der die Abwesenheit einer öffentlichen Debatte und literarischer Werke über dieses kollektive Trauma dadurch erklärt, „weil ein Volk, das Millionen von Menschen in Lagern ermordet und zu Tode geschunden hatte, von den Siegermächten unmöglich Auskunft verlangen konnte über die militärpolitische Logik, die die Zerstörung der deutschen Städte diktierte."[57]

Geschichte und Erinnerung als radikalen Gegensatz zu betrachten ist ein gefährliches und diskussionswürdiges Unterfangen. Die Arbeiten von Halb-

54 Broszat, Martin, und Saul Friedländer: Um die »Historisierung des Nationalsozialismus«. Ein Briefwechsel. In: Vierteljahreshefte für Zeitgeschichte. 1988. Nr. 36.

55 Vgl. Berg, Nicolas: Der Holocaust und die westdeutschen Historiker. Erforschung und Erinnerung. Göttingen 2003. S. 420–424, 613ff.

56 Vgl. Herbert, Ulrich: Deutsche und jüdische Geschichtsschreibung über den Holocaust. In: Brenner, Michael, und David N. Myers (Hrsg.): Jüdische Geschichtsschreibung heute. Themen, Positionen, Kontroversen. München 2003. S. 247–258.

57 Sebald, W. G.: Luftkrieg und Literatur. Frankfurt/M. 2001. S. 22.

wachs, Yerushalmi und Nora haben dazu beigetragen, die tiefliegenden Differenzen, die zwischen Geschichte und Erinnerung bestehen, offen zu legen. Es wäre aber falsch, daraus auf ihre Unvereinbarkeit zu schließen und die Differenzen als unüberwindbar zu betrachten. Ihre Interaktion bildet eher ein internes Spannungsfeld, aus dem sich die Geschichtsschreibung speist. Amos Funkenstein hat sicher Recht, wenn er schreibt, dass sich am Treffpunkt von Geschichte und Erinnerung eine dritte Instanz zu Wort meldet, *das historische Bewusstsein*.[58]

Die Korrespondenz mit Broszat war für Saul Friedländer auch der Ausgangspunkt einer fruchtbaren Reflexion über die Bedingungen von Geschichtsschreibung. Wenn der Historiker nicht eingeschlossen in seinem Elfenbeinturm arbeitet, geschützt vor dem Rumoren der Außenwelt, so lebt er genauso wenig in einem Kühlraum, geschützt vor den weltlichen Leidenschaften. Er ist den Bedingungen eines sozialen, kulturellen und nationalen Kontextes ausgesetzt. Er entgeht nicht den Einflüssen der Außenwelt und seinen persönlichen Erinnerungen, auch nicht der Wirkung geerbten Wissens. Er kann versuchen dies alles zu überwinden, allerdings nicht, indem er es negiert, sondern indem er eine kritische Distanz aufbaut. In dieser Perspektive besteht seine Aufgabe nicht darin, sich zu bemühen, die – persönliche, individuelle und kollektive – Erinnerung auszuschließen, sondern sie auf Distanz zu halten und sie in ein größeres historisches Ensemble einzufügen. Zur Arbeit des Historikers gehört demnach eine *Übertragung*. Sie beeinflusst die Wahl und den Ansatz seines Forschungsgegenstands sowie den Umgang mit ihm, und dessen muss er sich bewusst sein. Friedländer definiert also die Geschichtsschreibung mit einem Begriff aus dem Lexikon der Psychoanalyse als einen Akt des *working through*. Die chronologische Distanz, die den Historiker von seinem Forschungsgegenstand trennt, schafft eine Art Trennwand, doch das Gefühl tritt oft unvorhergesehen und plötzlich zutage bei seiner Arbeit und kann nicht anders, als dieses zeitliche Diaphragma zu brechen.[59] Diese an die individuelle Erfahrung gebundene Empathie des Historikers muss keine negativen Effekte haben. Sie kann sich sogar als fruchtbar erwei-

58 Funkenstein, Amos: Collective Memory and Historical Consciousness. In: History & Memory. Band 1. 1989. Vgl. auch ders.: Jüdische Geschichte und ihre Deutungen. Frankfurt/M. 2000.

59 Friedländer, Saul: Trauma, Transference and »working through«. In: Writing the History of the Shoah. History & Memory 1992. Nr. 1. S. 39–59 und ders.: History, Memory, and the Historian. Dilemmas and Responsabilities. In: New German Critique. 2000. Nr. 80. S. 3–15.

sen, wenn der Historiker sich ihrer bewusst ist und sie „beherrscht“.[60] Das Werk Friedländers ist ein gutes Beispiel für diese Beherrschung. In *Das Dritte Reich und die Juden* schreibt er in seinen allgemeinen historischen Bericht über Deutschland vor dem Zweiten Weltkrieg eine Konstellation von „Einzelschicksalen“ ein. Ihm gelang es, die traditionelle Spaltung der Studien über den Nazismus zu überwinden: auf der einen Seite die Forschungen, hauptsächlich in den Archiven, die die Aufmerksamkeit auf die Ideologie und die Strukturen des Regimes lenken, auf der anderen Seite eine Rekonstruktion der Vergangenheit, die allein auf der Erinnerung der Opfer basiert, mal in einer umfassenden Zeitzeugenliteratur festgehalten, mal in Bild- oder Klangarchiven konserviert. Friedländer versuchte diese beiden Perspektiven zusammenzuführen, indem er den historischen Prozess umfassend rekonstruierte und die Stimme der Opfer in eine Narration einfügte, die sich vorher auf eine Analyse der politischen Entscheidungen oder der Verwaltungsvorgänge beschränkt hatte.[61]

Trotz ihrer positivistischen Haltung neigen die deutschen Historiker aus der *Hitlerjugend*-Generation, d. h. diejenigen, die zwischen 1925 und Anfang der Dreißigerjahre geboren sind (Martin Broszat, Hans Mommsen, Andreas Hillgruber, Ernst Nolte, Hans-Ulrich Wehler, usw.), dazu, eine Empathie mit den Akteuren der Vergangenheit zu empfinden, die ihre persönlichen Erinnerungen mit einbezieht. Die Untersuchungen über das Alltagleben im Nationalsozialismus (*Alltagsgeschichte)* zeichnen in den meisten Fällen ein soziales Bild, in dem die Opfer ganz einfach verschwinden.[62] Andere konnten sich der Apologie nicht entziehen. Andreas Hillgruber, 1945 ein junger Wehrmacht-

60 Dominick LaCapra analysiert feinsinnig die potentiellen Vorteile dieses *empathic unsettlement* in der kritischen Untersuchung eines traumatischen Ereignisses: Writing History, Writing Trauma. Baltimore 2001. S. 41. In einem anderen Essay erläutert LaCapra zwei Grundregeln, an die man sich halten muss: die „Empathie“, wobei der Ausführende einräumen muss, dass unter bestimmten Umständen jeder extreme Handlungen begehen kann, wogegen die Empathie mit dem Opfer Respekt und Mitgefühl impliziert, was weder Identifikation bedeute, noch an Stelle des Anderen zu sprechen: Tropisms of Intellectual History. In: Rethinking History. 2004. Band 8. Nr. 4. S. 525.

61 Friedländer, Saul: Das Dritte Reich und die Juden. Band 1: Die Jahre der Verfolgung 1933–1939. München 1998.

62 Über die Arbeiten der von Martin Broszat geleiteten Historikerschule am Institut für Zeitgeschichte in München vgl. Broszat, Martin (Hrsg.): Alltagsgeschichte. Neue Perspektive oder Trivialisierung? Oldenburg, München 1984. Ein Werk dieser Schule entzieht sich aber dieser Tendenz, geschrieben von einem Historiker, der zu einer jüngeren Generation gehört: Peukert, Detlev: Inside Nazi Germany. Conformity, Opposition and Racism in Everyday Life. London 1987.

soldat, schrieb im letzten Jahr des Zweiten Weltkriegs über den Historiker: „er muss sich mit dem konkreten Schicksal der deutschen Bevölkerung im Osten und mit den verzweifelten und opferreichen Anstrengungen des Ostheeres (...) identifizieren, die die Bevölkerung des deutschen Ostens vor den Racheorgien der Roten Armee, den Massenvergewaltigungen, den willkürlichen Morden und den wahllosen Deportationen zu bewahren und in der allerletzten Phase den Ostdeutschen den Fluchtweg zu Lande oder über See nach Westen freizuhalten suchten."[63] Habermas wies ihn darauf hin, dass in diesem letzten Kriegsjahr der fanatische Widerstand der Wehrmacht auch eine Voraussetzung für die Fortsetzung der Deportationen zu den Lagern der Nazis war, wo die Gaskammern weiter funktionierten.

Traditionellerweise präsentierte sich die Historiographie nicht in der Form eines vielstimmigen Berichts, weil die subalternen Klassen ausgeschlossen waren und sich die Narration der Vergangenheit auf die Geschichte der Sieger reduzierte. Benjamin kritisierte in seinen Thesen *Über den Begriff der Geschichte* den Historismus, dessen Methode er als einseitige Empathie mit den Siegern begriff.[64] Eigentlich ist diese „Empathie" – die *Einfühlung* des klassischen Historismus – nicht immer ein Synonym von Apologie. Einige lehnen sie ab, wie Ian Kershaw in seiner Hitler-Biographie, die er als Arbeit eines „strukturalistischen"[65] Historikers präsentiert. Seine Wahl ist sowohl durch die Haltlosigkeit des Privatlebens des Führers motiviert, der jegliche Empathie auf Zustimmung zu seinen politischen Plänen reduzierte, als auch durch die Sorge, sein Buch von der älteren Biographie Joachim Fests abzugrenzen. Von der „negativen Größe" Hitlers fasziniert, konnte Fest nicht anders, als ihm gegen die eigene Absicht „einen Platz im Pantheon der deutschen Geschichte" zuzuweisen"[66]. Andere haben eine Haltung kritischer Empathie eingenommen – mehr eine Quelle der Erschütterung als eine der Identifikation (man könnte eher von einer „heteropathischen" Annährung sprechen als von Empathie)[67] –, die hilft, die Verhaltensweisen der Akteure der Geschichte zu „verstehen", ohne sie jedoch zu rechtfertigen. Diese Anstrengung unternimmt Hannah Arendt, um in das geistige Universum des SS-Offiziers Adolf Eichmann einzudrin-

63 Hillgruber, Andreas: Zweierlei Untergang. Die Zerschlagung des Deutschen Reiches und das Ende des europäischen Judentums. Berlin 1986. S. 24f.

64 Benjamin, Walter: Über den Begriff der Geschichte. In: Illuminationen. Ausgewählte Schriften. Frankfurt/M. 1980. S. 254.

65 Kershaw, Ian: Hitler 1889–1936. München 2001. S. 8.

66 Ebenda. S. 20. Die Referenz betrifft ausdrücklich Joachim Fest (Hitler. 2 Bände. Frankfurt/M., Berlin, München 1973.)

67 LaCapra, Dominick: Writing History, Writing Trauma. Baltimore 2001. S. 41.

gen, eine Anstrengung, die nicht verstanden und die ihr nicht verziehen wurde nach der Veröffentlichung ihres Essays über die „Banalität des Bösen".[68] Auch die mikrohistorische Arbeit von Christopher Browning versuchte zu begreifen, auf welchen Umwegen und Etappen die „ganz normalen Männer", die Angehörigen des 101. Reserve-Polizeibataillons in Polen, sich 1941 in eine Mannschaft von Fachleuten des Massakers verwandeln konnten.[69]

Die Entgleisungen einer einseitigen Empathie, der die kritische Distanz zu ihrem Gegenstand fehlt, verbreiten sich in dem Maß, wie die Polyphonie der Akteure unhörbar wird, wenn man nur eine Stimme vernimmt und Interaktionen zwischen widersprüchlichen Erinnerungen im öffentlichen Raum nicht stattfinden. Nachdem in Algerien die Unabhängigkeit bald eine offizielle Geschichte des Befreiungskriegs geschaffen hatte, konnte in Frankreich das Vergessen nicht mehr ewig dauern. Früher oder später muss einer Geschichte, die sich aus einer Vielheit von Erinnerungen speist, Raum gegeben werden. Die Erinnerung des kolonialen Frankreich, der Pieds-Noirs, der Harkis, der algerischen Migranten und ihrer Kinder und auch die der nationalen Befreiungsbewegung – deren Erbe durch einige Repräsentanten im Exil verkörpert wird, deren Erinnerungen an den Algerienkrieg sich überlagern und verwickeln – verhindert eine Geschichtsschreibung, weil ihre Erinnerung auf einer unilateralen, ausschließenden Empathie beruht. Die Narration dieser Geschichte kann nur unter den kritischen Augen unterschiedlicher paralleler Erinnerungen geschehen, die sich im öffentlichen Raum artikulieren. Diese Interaktion von Erinnerungen hat sogar die Folterknechte dazu gebracht, ihr Schweigen zu brechen, ihre Version der Vergangenheit zu liefern.[70] Kurz, Geschichte und Erinnerung interagieren hier, um einen sehr überzeugenden Begriff von David N. Myers aufzugreifen, wie die „fließenden Kategorien innerhalb eines dynamischen Systems"[71].

Historiographie und Erinnerungslandschaft auf der anderen Seite der Alpen stellen sich ganz unterschiedlich dar. George L. Mosse, einer der produktivsten Faschismushistoriker der Nachkriegszeit, lobte kurz vor seinem

68 Arendt, Hannah: Eichmann in Jerusalem. Ein Bericht von der Banalität des Bösen. München 1964. Für eine erneute Lektüre und eine Kontextualisierung ihres Werkes vgl. Aschheim, Steven E.: Hannah Arendt in Jerusalem. Berkeley 2001.

69 Browning, Christopher: Ganz normale Männer. Das Reserve-Polizeibataillon 101 und die »Endlösung« in Polen. Reinbek 1993.

70 Vgl. Général Aussaresses: Services spéciaux. Algérie 1955–1957. Paris 2001.

71 Myers, David N.: Selbstreflexion im modernen Erinnerungsdiskurs. In: Brenner, Michael, und David N. Myers (Hrsg.): Jüdische Geschichtsschreibung heute. Themen, Positionen, Kontroversen. München 2003. S. 56–74. Hier S. 66.

Tod in höchstem Maß seinen italienischen Kollegen Renzo De Felice, der durch seine monumentale Mussolini-Biographie bekannt wurde. Das größte Verdienst von De Felice liegt Mosse zufolge in dessen Empathie mit dem Begründer des Faschismus, in der Tatsache, dass dieser „versuchte von innen heraus vorzugehen, indem er sich vorstellte, wie Mussolini seine Handlungen betrachtete"[72]. In seiner Autobiographie erzählt Mosse eine Anekdote aus seiner Jugend, als er mit dem italienischen Diktator in Kontakt kam. 1936 war er mit seiner Mutter in Florenz. Die Achse aus dem faschistischen Italien und Nazideutschland war gerade geschmiedet worden. Sie beunruhigte die jüdischen Flüchtlinge aus Deutschland, die nach Italien gekommen waren und nun befürchteten, den nazistischen Behörden ausgeliefert zu werden (eine Bedrohung, die sich 1938 durch eine massive Abschiebung mit der Veröffentlichung der Rassengesetze konkretisierte). Die Mutter des jungen Mosse entschloss sich, an Mussolini zu schreiben und ihn um seinen Schutz zu bitten. Sie erinnerte den Diktator an die finanzielle Unterstützung, die ihr Ehemann, ein mächtiger Berliner Verleger in der Weimarer Republik, ihm hatte zukommen lassen, bevor er an die Macht gekommen war. Der kurze Anruf des Duce, um die Mutter zu beruhigen, zeigte laut George L. Mosse „Mussolinis Charakter oder wenigstens seinen Sinn für Dankbarkeit"[73]. Im Unterschied zu Mosse erzählt De Felice keine persönlichen Anekdoten über den italienischen Diktator, aber er versuchte dessen Persönlichkeit in den Bänden seiner Biographie zu erfassen, eine große Arbeit, die sich mit den Jahren immer mehr auf *Einfühlung* stützte.

Kurz vor seinem Tod veröffentlichte De Felice ein sehr umstrittenes Werk, *Rosso e Nero*, in dem er die letzte Etappe in Mussolinis Karriere, seine Rolle im italienischen Bürgerkrieg der Jahre 1943 bis 1945, interpretierte. Ihm zufolge „akzeptierte Mussolini aus einer patriotischen Motivation heraus Hitlers Projekt, ob es einem gefällt oder nicht". Es war ein wahrhaftes „Opfer auf dem Altar der Verteidigung des Vaterlandes"[74]. Die französischen Historiker sind mit einer solchen These vertraut, die früher Robert Aron vertreten hat, der das Vichyregime als „Schutzschild" gegen die Qualen einer vollständigen Besetzung des Landes[75] präsentierte (um somit ein Polen vergleichbares Schicksal zu verhindern).

72 Mosse, George L.: Renzo De Felice e il revisionismo storico. In: Nuova Antologia. 1998. Nr. 2206. S. 181.

73 Mosse, George L.: Confronting History. A Memoir. Madison 2000. S. 181.

74 De Felice, Renzo: Rosso e Nero. Mailand 1995. S. 114.

75 Aron, Robert: Histoire de Vichy. 1940–1944. Paris 1954.

Die Historiker, die über den faschistischen Kolonialismus arbeiteten, veröffentlichten Dokumente, die die ausufernden Archivforschungen von De Felice ignorierten. Der italienische Diktator zeigte hier einen anderen Aspekt seines Charakters, seiner Dankbarkeit und seiner Opferbereitschaft. Am 8. Juli 1936 telegrafierte Mussolini an Rodolfo Graziani, einen der militärischen Hauptverantwortlichen des Äthiopienkriegs, einen Befehl, in dem er „noch einmal (...) eine systematische Politik des Terrors und der Auslöschung der Rebellen und ihrer Komplizen in der Bevölkerung“[76] autorisierte. Mit einer bewundernswerten patriotischen Ergebenheit zögert Graziani nicht, chemische Waffen einzusetzen, um den äthiopischen Widerstand zu besiegen, und voller Dankbarkeit lobte Mussolini die Verdienste seines Marschalls und ernannte ihn im Herbst 1943 zum Verteidigungsminister der Republik von Salò.

Durch Sichten zahlreicher Dokumente dieser Art konnten einige italienische Forscher die Geschichte des faschistischen Genozids in Äthiopien von 1935/36 rekonstruieren. Die Anerkennung des Genozids bleibt eine rein wissenschaftliche Errungenschaft (und sie erfolgte erst kürzlich). Sie drang niemals wirklich in das kollektive Gedächtnis der Italiener ein, in deren Erinnerung der Krieg in Äthiopien alles in allem ein naives und unschuldiges Abenteuer bleibt, das in den Versen eines berühmten Chansons der Zeit, das jeder kennt, auf den Punkt gebracht wird: *Faccetta nera*, eine Bündelung von Stereotypen aus der kolonialistischen Vorstellungswelt. Eine Reihe von historischen Umständen (Krisen, Kriege und Diktaturen, die Äthiopien bis heute kennt, wie die dürftige Migration von Äthiopiern nach Italien, das keinen Ort zur Bildung einer intellektuellen und politischen afrikanischen Elite bot) verhinderte, dass die Stimme der Opfer dieses Genozids einen Platz in dem italienischen Bericht über diesen Krieg fand. Trotz ihrer Anstrengungen kann die Historiographie die Lücken einer versehrten Erinnerung nicht stopfen. Im besten Fall wird sie, wie in Deutschland, eine Geschichte, in der es „Verbrechen ohne Opfer“ gibt, eine Geschichte, in der die Opfer völlig anonym bleiben, ohne Identität und Gesicht. Wir wissen nicht, wie die Genossen Haïlou Tchebbedés, einer der Leitfiguren des äthiopischen Widerstands, über den Krieg berichten. Wir kennen nur die Fotos von seinem Kopf, den italienische

76 Zitiert nach Del Boca, Angelo: I gas di Mussolini. Il fascismo e la guerra d'Etiopia. Rom 1996. S. 75. De Felice erwähnt die Massaker der italienischen Armee in Äthiopien in seiner Mussolini-Biographie nicht (Mussolini il Duce. Gli anni del consenso 1929–1936. Turin 1974. Kapitel VI. S. 597–756). Über De Felice und den Äthiopienkrieg siehe La banca, Nicola: Il razzismo coloniale italiano. In: Bugio, Alberto (Hrsg.): Nel nome della razza. Il razzismo nella storia d'Italia 1870–1945. Bologna 2000. Vor allem S. 158f.

Soldaten als Trophäe ausgestellt haben.[77] Hoffentlich überwinden die postkolonialen Studien bald diese erlahmte Dialektik zwischen Geschichte und Erinnerung.

In seinem letzten Werk, *Geschichte – Vor den letzten Dingen*, benutzt Siegfried Kracauer zwei Metaphern, um den Historiker zu definieren. Die erste, Ahasver, betrifft die positivistische Historiographie. Wie „Funes mit dem guten Gedächtnis", der Held der berühmten Erzählung von Borges, kann Ahasver, der Kontinente und Epochen durchquert hat, nichts vergessen und bleibt dazu verurteilt, sich ohne Unterlass von einem Ort zum anderen zu bewegen, belastet mit seinen Erinnerungen, der lebendigen Erinnerung der Vergangenheit, deren unglücklicher Wärter er ist. Objekt des Mitgefühls, verkörpert er keine Weisheit, keine tugendhafte und erzieherische Erinnerung, nur eine homogene und leere Chronologie.[78] Die zweite Metapher, der Exilierte – man könnte auch sagen, der *Fremde* nach der Definition von Georg Simmel –, macht aus dem Historiker eine Figur der Exterritorialität. Dem Beispiel des Exilierten folgend, zerrissen zwischen zwei Ländern, seinem Vaterland und dem Land seiner Wahl, ist der Historiker gespalten zwischen der Vergangenheit, die er untersucht, und der Gegenwart, in der er lebt. Er ist so verpflichtet, einen „exterritorialen" Standpunkt als Ausgleich zwischen Vergangenheit und Gegenwart einzunehmen.[79] Wie der Exilierte, der in dem Land, das ihn aufnahm und das er zu verstehen lernt, immer ein *Outsider* bleibt, dringt der Historiker in die Vergangenheit ein. Aber wie der Exilierte sich an das Land, das ihn aufnahm, gewöhnen und sein Leben auf einem kritischen Blick ins Innere und Äußere beruhen kann, und damit Zustimmung und Distanz vereinigt, so kann der Historiker – das ist nicht die Regel, sondern bloße Möglichkeit – dank seines rückwärtsgewandten Blicks eine vergangene Epoche grundlegend kennen und deren Züge mit größerer Klarheit nachzeichnen als die Zeitgenossen. Seine Kunst besteht darin, die Nachteile zu reduzieren, die auf die Distanz zurückgehen, und von den erkenntnistheoretischen Vorteilen, die sich daraus ergeben, möglichst zu profitieren.

Als extraterritorialer „Grenzgänger" steht der Historiker in der Schuld der Erinnerung, aber auch er trägt zu ihr bei, formt und orientiert sie. Weil er am Leben der Zivilgesellschaft teilnimmt und nicht in einem Elfenbeinturm

77 Die Fotos werden reproduziert in del Boca, Angelo: I gas di Mussolini. S. 115f.

78 Kracauer, Siegfried: Geschichte – Vor den letzten Dingen. Frankfurt/M. 1971. S. 135.

79 Ebenda. S. 85. Vgl. Georg Simmel: Exkursus über den Fremden. In: Soziologie. Untersuchungen über die Formen der Vergesellschaftung. Berlin 1983. S. 509–512.

eingeschlossen ist, trägt der Historiker zur Bildung eines historischen Bewusstseins bei, eines *kollektiven Gedächtnisses* (das vielfältig und zwangsläufig konfliktbeladen alle gesellschaftlichen Bereiche betrifft). Anders ausgedrückt, trägt seine Arbeit zu dem bei, was Habermas den „öffentlichen Gebrauch der Historie"[80] nannte. Es handelt sich um eine Feststellung, die auf der Hand liegt: Die deutschen, italienischen, spanischen Debatten über die faschistische Vergangenheit, die französischen Debatten über die Vergangenheit Vichys und des Kolonialismus, die argentinischen und chilenischen Debatten über das Vermächtnis der Militärdiktaturen, die europäischen und amerikanischen Debatten über die Sklaverei – die Liste ist unerschöpflich – gehen weit über die Grenzen der historischen Forschung hinaus. Sie dringen in die öffentliche Sphäre ein und befragen unsere Gegenwart.

Das Buch von Ludmila da Silva Catela *No habrá flores en la tumba del pasado (Es wird keine Blumen auf dem Grab der Vergangenheit geben)*, den Opfern der argentinischen Militärdiktatur gewidmet, ist ein gutes Beispiel historischer Forschung, die aus der Erinnerung ihren Forschungsgegenstand gemacht hat und sich dabei in einen empfindlichen Zusammenhang einschreibt, wobei sie unausweichlich am öffentlichen Gebrauch der Historie teilhat.[81] Es handelt sich zunächst um *oral history,* denn die Autorin befragte Familien (Eltern, Kinder, Brüder und Schwestern) der Verschwundenen aus La Plata, einer Stadt, wo die militärische Repression besonders ausgeprägt war. Es ist ein Bericht ihrer Angst, ihrer Hoffnung, ihres Abwartens, ihrer Wut, ihres Mutes, ihres Handlungswillens, ihrer Erleichterung nach jeder kleinen öffentlichen Aktion. Es handelt sich um eine *politische* Geschichte: wie sie anfingen sich zu organisieren, den Mut fanden, öffentlich zu handeln, Kampfformen zu finden (Anzeigen, Gegeninformation) und Symbole (das *Taschentuch* usw.). Wie diese Aktionen einem moralischen Imperativ entsprangen, einem persönlichen Bedürfnis, und wie sich aus ihnen eine politische Bewegung mit großem gesellschaftlichem Einfluss auf die gesamte Zivilgesellschaft entwickelte. Wie die Mütter und manchmal auch die Großmütter Leitfiguren einer zivilgesellschaftlichen Bewegung gegen die Militärdiktatur wurden. Neben der *oral history* und der politischen Geschichte kommen die *Anthropologie* und die *Psychologie* mit ins Spiel: eine Studie über das Leid und über die Unmöglichkeit der Trauer aufgrund des Verschwindens. Die Verwandten und

80 Diese Formulierung stammt von Habermas, Jürgen: Historikerstreit. München 1987. S. 243–255.

81 Silva Catela, Ludmila da: No habrá flores en la tumba del pasado. La experiencia de reconstrucción del mundo de familiares de desaparecido. La Plata 2001.

Freunde wissen, dass die Verschwundenen tot sind, aber sie können es nicht anerkennen, weil ihre Körper niemals gefunden wurden, daher die Besonderheiten, die Kreativität einer Wiedererinnerung, die diese Trauer begleitet, eine unerschöpfliche und unmögliche Trauer (die Aufmärsche der *Madres,* die *Taschentücher,* die Fotos der Verschwundenen in der Presse, die „Belästigung" der Autoritäten, die Öffnung der Archive, die Prozesse, die Suche nach den Leichen der Opfer, les *escraches*, d. h. die öffentlichen Beschuldigungen vor den Häusern der Folterknechte usw.). Eine Wiedererinnerung, die fest in der Gegenwart verankert ist, wie es die *Madres* und ihre *hijos* beweisen, die die Proteste der Arbeitslosen unterstützen, denn der Kampf der *piqueteros* für die „menschliche Würde" ist der gleiche wie der ihrer Kinder und ihrer Eltern, die von der Diktatur ermordet wurden.

Dieses Geschichtsbuch beruht auf einer kritischen Empathie, die denen ein Gesicht und eine Stimme gibt, die die Militärdiktatur versuchte auszulöschen, ohne Spuren zu hinterlassen. Ein Geschichtsbuch, das der Erinnerung auf den Grund geht, indem sie die Familien im heutigen Argentinien mit einbezieht.

II. Kapitel: Zeit und Stärke

Zeit der Geschichte und Zeit der Erinnerung

Geschichte und Erinnerung haben eigene Zeitrechnungen, die sich ständig kreuzen, aufeinander stoßen und durcheinander gehen, ohne deshalb übereinzustimmen. Die Erinnerung ist Trägerin einer Zeitlichkeit, die dazu neigt, das *Kontinuum* der Geschichte in Frage zu stellen. Walter Benjamin illustriert dies in seinen Thesen *Über den Begriff der Geschichte.* In der 15. These beschreibt er eine seltsame Episode der Julirevolution von 1830: Abends, nach den Kämpfen, schossen an verschiedenen Stellen in Paris Leute gleichzeitig auf die Turmuhren, so, als wollten sie den Tag anhalten.[82] Der Zeitlauf der Revolution – die Französische Revolution führte einen neuen Kalender ein – ist nicht die leere und mechanische Zeit der Uhren, sondern eher, präzisiert Benjamin, die des „*Gedächtnisses*" der Revolution als Erlösungsakt der Erinnerung der Besiegten. In seinen Kommentaren zu den Thesen Benjamins zeigt Michael Löwy ein anderes Bild, das dem der Aufständischen von 1830 erstaunlich ähnlich ist. Es ist ein Foto vom April 2000, auf dem die Einheimischen bei der offiziellen Fünfhundertjahrfeier der Entdeckung Brasiliens auf eine Uhr zielen.[83] Die Erinnerung der Unterdrückten verzichtet nicht darauf, gegen die lineare Zeit der Geschichte zu protestieren. Sie geht Benjamin zufolge von dem Begriff einer Gegenwart aus „die nicht Übergang ist, sondern in der Zeit einsteht und zum Stillstand gekommen ist".[84]

Die Geschichtsschreibung fordert eine Distanzierung, eine Trennung, ja sogar einen *Bruch* mit der Vergangenheit, zumindest im Bewusstsein der Zeitgenossen. Dies ist eine Grundvoraussetzung, um zu einer *Historisierung* zu gelangen, d. h. zu einer historischen Perspektive der Vergangenheit. Diese Distanz stellt sich durch symbolische Brüche eher ein (z. B. in Europa 1914, 1917, 1933, 1945, 1968, 1989 usw.) als durch einen einfachen zeitlichen Abstand. Dieser durch einen Bruch entstandenen Distanz entspricht normalerweise die Summierung bestimmter gegenständlicher Arbeitsbedingungen, in erster Linie die Entstehung und Öffnung privater und öffentlicher Archive. Aber diese Bedingung ist zweitrangig und abgeleitet. *Das Zeitalter der Extreme*

82 Benjamin, Walter: Über den Begriff der Geschichte. In: Illuminationen. Ausgewählte Schriften. Frankfurt/M. 1980. S. 259.

83 Löwy, Michael: Walter Benjamin: Avertissement d'incendie. Une lecture des thèses »Sur le concept d'histoire«. Paris 2001. S. 105–108.

84 Benjamin, Walter: Über den Begriff der Geschichte. S. 259.

von Eric J. Hobsbawm oder das Gemeinschaftswerk *Le Siècle des communismes (Das kommunistische Jahrhundert)* hätte vor dem Fall der Berliner Mauer und der Auflösung der UdSSR nicht entstehen können.[85] Eine Pionierarbeit wie *Le Bréviaire de la haine (Das Brevier des Hasses)* von Léon Poliakov (1951) setzte nicht nur das Ende des Krieges und den Sturz des Nazismus voraus, sondern auch die Möglichkeit, die Archive zu konsultieren, die die Nürnberger Prozesse unterfüttert hatten. Um schließlich ein Geschichtsbuch zu schreiben, das nicht nur aus einer isolierten Gelehrtenarbeit resultiert, braucht man auch eine soziale, öffentliche Fragestellung, die auf einen Schnittpunkt der historischen Forschung und die Entwicklung des kollektiven Gedächtnisses verweist. Deshalb hatte *Die Vernichtung der europäischen Juden* von Raul Hilberg nur wenig Auswirkungen zum Zeitpunkt ihres Erscheinens 1960 und wird ab den Achtzigerjahren zum Standardwerk.[86]

Die Erinnerung dagegen tendiert dazu, mehrere Etappen zu durchlaufen. Ich greife das Modell von Henry Rousso in *Le Syndrome de Vichy (Das Vichysyndrom)* auf: zunächst ein prägendes Ereignis, eine Wende, häufig ein Trauma; dann eine Phase des Verdrängens, der früher oder später eine unvermeidbare „Anamnese" folgt (die „Rückkehr des Verdrängten"), die manchmal zu einer Erinnerungsobsession führen kann.[87] Im Fall des Vichyregimes korrespondiert dieses Schema mit dem Ende des Kriegs und der Befreiung, der Verdrängung der Fünfziger- und Sechzigerjahre, der Anamnese ab den Siebzigerjahren, schließlich der aktuellen Obsession. Im deutschen Fall: *Die Schuldfrage* von Karl Jaspers 1945, die Verdrängung der Adenauerära, die Anamnese ab 1968, schließlich die Obsession der Vergangenheit, die ihre Höhepunkte erreicht mit dem *Historikerstreit*, der Goldhagen-Debatte, der Bubis-Walser-Polemik und der Wehrmachtausstellung des Hamburger Instituts für Sozialforschung.

Während der Verdrängungsphase erscheint die Forderung nach einem „Recht auf Erinnerung" kritisch, ja sogar als eine ethisch-politische Revolte gegen die schweigende Komplizenschaft. Als die Adenauerregierung ehemalige Nazis zu Ministern und Staatssekretären macht, darunter Hans Globke, einen Kommentator der Nürnberger Rassengesetze, analysiert Adorno den

---

85 Hobsbawm, Eric J.: Das Zeitalter der Extreme. München, Wien 1995. Pudal, Bernard, Bruno Groppo und Claude Pennetier (Hrsg.): Le Siècle des communismes. Paris 2000.

86 Hilberg, Raul: Die Vernichtung der europäischen Juden. Frankfurt/M. 1999. 3 Bände.

87 Rousso, Henry: Le Syndrome de Vichy de 1944 à nos jours. Paris 1990. Vgl. Ricœur, P.: Gedächtnis, Geschichte, Vergessen. München 2004.

damals modischen Ausdruck der *Vergangenheitsbewältigung* als eine Mystifizierung, die darauf abziele, „einen Schlussstrich darunter (zu) ziehen und womöglich es selbst aus der Erinnerung wegwischen". Von „Versöhnung" zu sprechen bedeute nur, die Täter zu rehabilitieren, in einer Zeit, in der „das Nachleben des Nationalsozialismus *in* der Demokratie als potentiell bedrohlicher denn das Nachleben faschistischer Tendenzen *gegen* die Demokratie"[88] ist. Jean Améry bezieht sich auf sein „Ressentiment": „Die Zeit tat ihr Werk. In aller Stille. Die Generation der Vernichter, der Gaskammerkonstrukteure, der jederzeit zu jeder Unterschrift bereiten, ihrem Führer verpflichteten Feldherrn wird in Würden alt. (...) *Ich* bin belastet mit der Kollektivschuld, sage ich: nicht sie. Die Welt, die vergibt und vergisst ...".[89] In der Phase der Obsession dagegen, wie sie heute herrscht, tendiert die „Aufgabe der Erinnerung" dazu, eine rhetorische und konformistische Formel zu werden.

Die Historiographie folgte *grosso modo* dem Weg der Erinnerung. Es wäre nicht schwierig, zu zeigen, dass die Produktion historischer Veröffentlichungen über Vichy und den Nationalsozialismus während der Anamnese hoch war und ihren Höhepunkt in der Phase der Obsession erreicht hat. Diese Etappen boten ihr den Nährstoff, während sie ihrerseits dazu beitrug, diese zu formen. Es genügt, an die Bundesrepublik Deutschland zu denken, deren Historiker heute in der Forschung über die Judenvernichtung eine Vormachtstellung einnehmen, wohingegen in den Fünfzigerjahren die Pionierarbeiten von Joseph Wulf und Léon Poliakov als „unwissenschaftlich" abgelehnt wurden.[90] Doch die Übereinstimmung ist nicht linear, die Zeitabläufe der Erinnerung und die der Geschichtsschreibung können auch kollidieren und als „unzeitgemäß" oder als *Ungleichzeitigkeit* erscheinen, wie Ernst Bloch es theoretisiert hat[91].

Die Beispiele der Koexistenz der verschiedenen Zeitabläufe sind unzählbar. Die Literatur, der Film und eine enorme Menge soziologischer Publikationen haben den Konflikt zwischen Tradition und Moderne analysiert. Er offenbart sich vor allem in den großen Städten als Zusammenstoß der Generationen, zwischen migrantischen Vätern und Söhnen, die in dem Aufnahmeland geboren wurden. Die polnischen Juden in New York, wie sie Isaac Bashe-

88 Adorno, Theodor W.: Was bedeutet: Aufarbeitung der Vergangenheit. In: Eingriffe. Neun kritische Modelle. Frankfurt/M. 1963. S. 126.

89 Améry, Jean: Jenseits von Schuld und Sühne. Stuttgart 1977. S. 120.

90 Vgl. Berg, Nicolas: Der Holocaust und die westdeutschen Historiker. Erforschung und Erinnerung. Göttingen 2003. S. 215–219.

91 Bloch, Ernst: Erbschaft dieser Zeit (1935). Frankfurt/M. 1985. S. 104–125. Vgl. auch die Essays von Daniel Bensaïd in: La Discordance des temps. Paris 1995.

vis Singer beschreibt, die Londoner Pakistani in den Erzählungen von Hanif Kureishi, die Italoamerikaner, die Martin Scorsese in seinen ersten Filmen in Szene setzt: hier prallen mitten in ein und derselben Familie verschiedene Weltanschauungen und Lebensweisen aufeinander, die auf unterschiedliche Zeitwahrnehmungen und Erinnerungen verweisen, ja manchmal sogar unvereinbar sind. Die Zapatisten aus Chiapas verbinden die zyklische Zeit der indigenen Gemeinschaften mit einem politischen Projekt der Befreiung, das sich in eine marxistische Analyse der Moderne einschreibt (befreit von dem mythologischen Fortschrittsverständnis) und in eine „fortwährende Gegenwart" der zeitgenössischen Welt, die von der globalisierten Herrschaft geprägt ist, die sie bekämpfen.[92]

Hier möchte ich auf ein Beispiel verweisen, einen so bedeutenden wie paradoxen Fall der Widersprüchlichkeit der Zeiten, in dem der Blick des Historikers kollidiert mit dem kollektiven Gedächtnis: die Rezeption von Hannah Arendts Essay über den Eichmann-Prozess in Jerusalem, dessen Untertitel „die Banalität des Bösen" den Skandal auslöste.[93] Dieser Prozess stellte eine Wende da, die eine lange Periode des Schweigens und des Vergessens der Judenvernichtung beendete und eine Anamnese auslöste. Zum ersten Mal wird der Genozid an den Juden ein Thema für die internationale öffentliche Meinung, weit über die jüdische Welt hinaus. Es war auch ein kathartischer Moment der Befreiung des Wortes, denn eine große Zahl von Überlebenden der Vernichtungsmaschine der Nazis kamen zum Prozess, um Zeugnis abzulegen. In dem Augenblick, als die Welt sich über das Ausmaß des Genozids an den Juden bewusst wurde, der von nun an als schreckliches und unvergleichliches Verbrechen erschien, richtete Hannah Arendt ihren Blick auf Eichmann, einen typischen Repräsentanten der deutschen Bürokratie, der in ihren Augen die *Banalität des Bösen* verkörperte. Sie nahm die „Perspektive des Täters"[94] ein, wie es Raul Hilberg viel später definiert hat, eines Täters mit Haut und Haaren, dem sie endlich ins Gesicht blicken kann. Aus dieser Perspektive sah sie sich mit einem schrecklichen Verbrechen konfrontiert, ausgeführt von Tätern, die keine hasserfüllten und fanatischen Monster waren, sondern ganz normale Leute. Die Beobachter und Kommentatoren des Prozesses dagegen

---

92 Baschet, Jérôme: L'histoire face au présent perpétuel. Quelques remarques sur la relation passé-futur. In: Hartog, F., und J. Revel (Hrsg.): Usages politiques du passé. S. 67.

93 Arendt, Hannah: Eichmann in Jerusalem. Ein Bericht von der Banalität des Bösen. München 1986. Vgl. auch den Film von Rony Braumann und Eyal Sivan: Un spécialiste.

94 Hilberg, Raul, und Ivan R. Dee: The Politics of Memory. Chicago 1996.

nahmen eine andere Perspektive ein, nämlich die der Erinnerung der Überlebenden, die erneut mit ihrem Leiden konfrontiert wurden. Die Wunde war noch offen und blutig; sie war nur verdeckt gewesen und wurde nun wieder sichtbar. Die Aufmerksamkeit richtete sich auf die dramatischen Zeugnisse der Überlebenden während des Prozesses, denen gegenüber Eichmann nur ein Symbol war. Unter diesen Umständen erschien der von Hannah Arendt geprägte Begriff der *Banalität des Bösen* nicht als passend für die Motive und den Geisteszustand der Täter, sondern eher als Versuch, eines der schlimmsten Verbrechen der Menschheitsgeschichte zu banalisieren.[95]

Roussos Schema kennt zahlreiche Varianten. In der Türkei z. B. wurde der Genozid an den Armeniern weder erforscht, noch konnte er sich in den öffentlichen Raum einschreiben. Seine Geschichte und die Erinnerung an ihn entwickelten sich woanders, in der Diaspora und im amerikanischen Exil, mit den damit einhergehenden Konsequenzen.[96] Einerseits erhob sich die Erinnerung nicht nur gegen das Vergessen, sondern vor allem gegen ein politisches Regime, das das Verbrechen in der Gegenwart verschweigt und verneint. Andererseits wurde die Geschichtsschreibung erschwert, denn Verschweigen heißt Schließung der Archive und es türmt Hindernisse auf, die die Forschung zu überwinden hat.[97]

Die Verdrängung kann auch anders fortleben. Die Erinnerung an den Stalinismus ist sehr *heterogen*, denn sie ist gleichzeitig Erinnerung an die Revolution und den Gulag, an den „großen vaterländischen Krieg" und die bürokratische Unterdrückung. Sie begleitete während Jahrzehnten ein Regime an der Macht. In diesem Kontext scheint ihr öffentlicher Ausdruck als Kampfform – so wurden die Bücher von Gustav Herling, Alexander Solschenizyn, Wassili Grossman und Warlam Schalamow rezipiert. Gegen ein Regime, das man nicht der Vergangenheit zuordnen konnte und von dem man sich nicht distanzieren konnte. Zehn Jahre nach Auflösung der UdSSR ist diese Erinnerung verschüttet. Die Integration der Erinnerung an den Stalinismus im kollektiven Gedächtnis begann in den Achtzigerjahren, unter Gorbatschow, als sich massenhaft Vereinigungen ehemaliger Deportierter gründeten und die Rehabilitierung der Opfer verlangten. Diese Bewegung wurde in der Re-

95 Vgl. Diner, Dan: Hannah Arendt Reconsidered: Über das Banale und das Böse in ihrer Holocaust-Erzählung. In: Smith, Gary (Hrsg.): Hannah Arendt Revisted. "Eichmann in Jerusalem" und die Folgen. Frankfurt/M. 2000. S. 120–135.

96 Vgl. Vidal-Naquet, Pierre: »Et par le pouvoir d'un mot ...«. Les Juifs, la mémoire et le présent II. Paris 1991. S. 267–275.

97 Vgl. Ternon, Yves: Tabu Armenien. Geschichte eines Völkermords. Berlin 1984, und Dadrian, Vahakan N.: Histoire du génocide arménien. Paris 1996.

gierungszeit von Jelzin auf einen Schlag gestoppt, es war eine Wende. Die Trauerarbeit und die Aneignung einer verbotenen Vergangenheit wichen einer massiven Rehabilitierung der nationalistischen Tradition. Die *Schande,* erwachsen aus dem zunehmenden Wissen über den Stalinismus, wurde ersetzt durch den *Stolz* über die russische Vergangenheit (der sowohl die Zaren als auch Stalin angehören).[98] Ein ähnliches Phänomen charakterisiert die anderen Länder des ehemaligen Sowjetreiches, wo die Einführung der Marktwirtschaft und neue Nationalismen die Erinnerung an die Kämpfe für einen „Sozialismus mit menschlichem Antlitz" völlig marginalisiert haben.

In Italien war der Antifaschismus eine der Stützen der republikanischen Institutionen, die am Ende des Zweiten Weltkriegs entstanden. Dort war die historische Interpretation des Faschismus in den dreißig Jahren nach dessen Sturz untrennbar mit seiner ethischen und politischen Verurteilung verbunden. Ende der Siebzigerjahre kündigte sich jedoch eine neue Lesart der Vergangenheit an, darum bemüht, den Konsens zu beleuchten, auf den sich Mussolinis Regime gestützt hatte, und gleichzeitig entschlossen, sich der Zwänge der antifaschistischen Tradition zu entledigen. Während der Neunzigerjahre verstärkte sich diese historiographische Wende mit dem Ende der Parteien, die die Republik gegründet hatten (Kommunisten, Christdemokraten und Sozialisten), und mit der Legitimation von Mussolinis Erben als Regierungsmitglieder (die Nationale Allianz). Mit dieser Mutation kehrte das Verdrängte (der Faschismus) zurück in den öffentlichen Raum, begleitet von unerwarteten und paradoxen Auswirkungen. Zum einen wurde der Genozid an den Juden (die vorher auf dem Altar des nationalen Befreiungskampfes geopfert worden waren, auf dem alle Deportierten automatisch zu Märtyrern des Vaterlandes wurden) thematisiert, andererseits wurde der Faschismus rehabilitiert, d. h. die Verfolger der jüdischen Opfer. Die Krise der Parteien und Institutionen, die die antifaschistische Erinnerung verkörpern, schuf die Voraussetzungen für eine andere Erinnerung, die bis dahin verschwiegen oder stigmatisiert worden war. Der Faschismus beansprucht nun, ein Teil der Nationalgeschichte zu sein, der Antifaschismus wird als ideologische Position und als „antinational" abgelehnt (der 8. September 1943, an dem der Waffenstillstand unterzeichnet wurde und der Bürgerkrieg begann, gilt als Symbol für den „Tod des Vaterlandes"[99]). Das Resultat war eine offizielle Erklärung des Staatspräsidenten Carlo Azeglio Ciampi im Herbst 2001, der unterschiedslos „allen" Opfern des Kriegs gedachte, d. h. Juden, Soldaten, Widerständlern

98 Vgl. Ferretti, Maria: La memoria mutilata. La Russia ricorda. Mailand 1993.
99 Della Loggia, Ernesto Galli: La morte della patria. Bari, Rom 1999.

und faschistischen Milizionären, die nun liebevoll die „Jungs von Salò" *(i ragazzi di Salò)* genannt werden.[100] Anders ausgedrückt, eine Ehrung der in den Gaskammern Ermordeten und derjenigen, die sie registriert, verfolgt und deportiert haben. So, als ob der Staat, wenn er ihrer gedenkt, ihre Werte und Motive nicht zu beurteilen hätte oder, schlimmer noch, als ob er Täter und Opfer zu „symmetrisch kompatiblen"[101] Objekten der Erinnerung machen müsste. So gesehen, folgten dem staatlich dekretierten „Tag der Erinnerung" (27. Januar), um der Opfer der Shoah zu gedenken, logischerweise zwei weitere Gedenktage: der „Tag des Gedächtnisses" (10. Februar) und der „Tag der Freiheit" (9. November). Der erste ist den 1947 auf der Grundlage eines internationalen Vertrags aus Istrien vertriebenen Italienern gewidmet und denen, die vom jugoslawischen Widerstand zwischen 1943 und 1945 getötet und in die Gebirgsschluchten über Triest *(Foibe)* geworfen wurden. Der zweite Tag ist den Opfern des Kommunismus gewidmet, die ihre Freiheit symbolisch durch den Fall der Mauer erhielten. Die antitotalitäre Symmetrie ist nun perfekt, auch wenn sie bedeutet, die Gleichheit der Opfer – alle ehrenwert genug, um ihrer zu gedenken – in eine „Gleichheit der Todesumstände"[102] zu verwandeln, wie Claudio Magris zu Recht bemerkt hat, wobei völlig unterschiedliche Verbrechen vermischt werden.

Diese antitotalitäre Symmetrie trifft auf eine Asymmetrie der nationalen Erinnerung, die die italienischen Opfer des titoistischen Widerstands gegen die faschistische Besatzung einschließt, aber die jugoslawischen Opfer des italienischen Faschismus unterschlägt, dessen Gewalttätigkeit häufig ähnliche Züge aufwies wie der Vernichtungskrieg der Nazis an der Ostfront.[103]

---

100 Vgl. den Text über die Ansprache von Präsident Ciampi in: Focardi, Filippo (Hrsg.): La guerra della memoria. La Resistenza nel dibattito politico italiano dal 1945 a oggi. Bari, Rom 2005. S. 333ff. Den Ausdruck "die Jungs von Salò" hat Ex-Senatspräsident Luciano Violante, Mitglied der Mitte-Links-Koalition, in einer Ansprache im Frühjahr 1996 geprägt (im Sammelband von F. Focardi auf den Seiten 285f.). Vgl. auch die Kritik an Ciampi von Antonio Tabucchi, S. 335–338.

101 Luzzatto, Sergio: La crisi dell'antifascismo. Turin 2004. S. 31. Luzzatto unterstreicht zu Recht, dass jede moderne Demokratie auf einer "retrospektiven Hierarchie der Erinnerung" basiert, d. h. auf einer Auswahl, die ihre Identität definiert (S. 30). Die "symmetrischen und kompatiblen" Erinnerungen, wie sie heute der Staatschef und ein Großteil der politischen Elite fordern, zielen darauf ab, die Auswahl zurzeit der Republikgründung in Frage zu stellen.

102 Magris, Claudio: La memoria è libertà dall'ossessione del passato. In: Il Corriere della Sera. 10. Februar 2005. S. 106.

103 Vgl. Rodogno, D.: Il nuovo ordine mediterraneo. Le politiche d'occupazione dell'Italia fascista in Europa (1940–1943). Turin 2003. Und Di Sante, C. (Hrsg.): Italiani senza onore. I crimini in Jugoslavia e i processi negati (1941–1951). Verona 2005.

Es braucht nicht weiter erwähnt zu werden, dass die Opfer des italienischen Kolonialismus in dieser Logik der antitotalitären Erinnerung nicht vorkommen.

In Spanien wurde die Erinnerung an den Bürgerkrieg von der Propaganda des franquistischen Regimes vereinnahmt und instrumentalisiert, das während fünfunddreißig Jahren die Spuren der eigenen Gewalttätigkeit verwischte und die der Republikaner stigmatisierte. Nach dem Tod des Diktators 1975 wurde der friedliche Übergang zur Demokratie im Rahmen der monarchistischen Institutionen von allen politischen Kräften, der Linken wie der Rechten, akzeptiert. Sie wollten einen neuen Bürgerkrieg vermeiden (was bedeutet, dass seine Erinnerung im Verborgenen lebendig geblieben war)[104]. Aber im Gegensatz zum Südafrika der Neunzigerjahre, wo dank der Wahrheitskommissionen die Anerkennung der Wahrheit und Trauerarbeit den friedlichen Übergang zu einer Postapartheidsdemokratie begleiteten, entschied sich Spanien für einen Übergang der Amnestie, mit dem Ergebnis, dass die offizielle Verdrängung länger als eine Generation herrschte. Erst am Ende der Neunzigerjahre kam die öffentliche Erinnerung an den Bürgerkrieg zurück. Während die Geschichtsschreibung ihre Aufmerksamkeit der Gewalttätigkeit des franquistischen Regimes widmete und eine noch sehr lückenhafte Zählung der Opfer[105] versuchte oder sich anderen zuvor vernachlässigten Fragen zuwendete wie etwa dem republikanischen Exil[106], begann in der Zivilgesellschaft eine Trauerarbeit der Opfer der Diktatur. Die Amnestie und die Politikformen des demokratischen Übergangs hatten sie zunächst unmöglich gemacht.

Man gräbt die Überreste von mehren hundert Republikanern aus, Anarchisten oder Kommunisten, die bei Massenerschießungen umgekommen sind – ohne Prozess und ohne offizielle Feststellung ihres Todes, weshalb sie keine legalen Gräber erhielten und nicht auf Friedhöfen bestattet wurden. Die Familien konnten endlich öffentlich trauern. Das führte zu einer kollektiven Anamnese und löste eine breite Debatte aus über das Verhältnis des heutigen Spaniens mit seiner Vergangenheit.[107] In diesem Zusammenhang entstand

104 Vgl. Aguilar, Paloma: Memoria y olvido de la guerra civil espanola. Madrid 1996. Zu diesem Thema vgl. auch die Beiträge in: Matériaux pour l'histoire de notre temps. 2003. Nr. 70. Espagne: la mémoire retrouvée (1975–2002).

105 Vgl. Casanova, Julián (Hrsg.): Morir, matar, sobrevivir. La violencia en la dictadura de Franco. Barcelona 2002.

106 Sehr bedeutend in diesem Zusammenhang war die Ausstellung »Exilio« im Nationalmuseum Reina-Sofia in Madrid im September/Oktober 2002, organisiert von der Stiftung Pablo Iglesias.

107 Siehe vor allem das zitierte Buch von Aguilar, Paloma: Memoria y olvido de la guerra

die illusorische und mystifizierende Versuchung einer versöhnten Erinnerung *super partes,* illustriert durch die Regierungsentscheidung im Oktober 2004, bei einem nationalen Festakt einen alten republikanischen Exilierten und ein ehemaliges Mitglied der *Division Azul* – die Franco 1941 in die Sowjetunion entsandte, um an der Seite der deutschen Armeen zu kämpfen –, gemeinsam aufmarschieren zu lassen. Natürlich musste auch über das Schicksal von unzähligen Denkmälern debattiert werden, die zu Ehren des *Caudillo* errichtet worden sind und viele spanische Städte und Dörfer zieren: Sollen sie erhalten bleiben als Erinnerungsorte (eine Erinnerung, die für einen Teil der Bevölkerung von Nostalgie getragen wird)? Sollen sie abgerissen werden wie in den osteuropäischen Staaten, als die stalinistischen Diktaturen stürzten (auch wenn diese emanzipatorische Geste zu spät kam)? Seit zehn Jahren toben diese Debatten in Spanien, einem Land, wo die Erinnerung alles andere als befriedet ist.

In Argentinien dagegen begann die Erinnerung an die Verbrechen der Militärdiktatur sich in der Öffentlichkeit bereits vor dem Ende der Diktatur zu manifestieren und trug dazu bei, diese zu isolieren und zu delegitimieren (ich schreibe von „Erinnerung", weil die Demonstrationszüge mit den Fotos der Verschwundenen bereits Formen eines Gedenkens angenommen hatten). Aufgrund der Kriminalität des Regimes – das Verschwinden von Zehntausenden von Personen, deren Leichen nicht gefunden wurden – verlängerte sich die Phase der Trauerarbeit und des Leids, es gab kein Vergessen. Allerdings räumte die Erinnerung nicht den Platz für die Geschichte, und zwar wegen der Formen, die der Übergang zur Demokratie annahm. Es gab keinen radikalen Bruch, keine wirkliche Säuberung der militärischen Institutionen und nur wenige Gerichtsverfahren, denen gleich Amnestiegesetze folgten, die die Folterknechte ungestraft ließen.[108] Die Militärdiktatur brach nicht zusammen wie der Faschismus in Europa 1945, sie zog sich diskret zurück. Kurz, man konnte gegenüber der Vergangenheit keine Distanz einnehmen: Es bestand ein chronologischer Abstand, keine *Trennung,* markiert durch symbolische und starke Brüche. Wir sind hier mit etwas konfrontiert, das Dan Diner *gestaute Zeit* nennt; das ist Zeit, die sich weigert, sich der Vergangenheit zu übermitteln.[109] So fehlt eine der grundlegenden Bedingungen für die Geburt

civil espanola, und Campos Saz, Ismael: El pasado que aún no puede pasar. In: Fascismo y franquismo. Valencia 2004. S. 277–291.

108 Groppo, Bruno: Traumatismos de la memoria e imposibilidad del olvido en los paises del Cono Sur. In: Groppo, Bruno, und Patricia Flier (Hrsg.): La imposibilidad del olvido. La Plata 2001. S. 19–42.

109 Diner, Dan: Gestaute Zeit. Massenvernichtung und jüdische Erzählung. In: Kreis-

einer Historiographie der Diktaturen Südamerikas, der chilenischen wie der argentinischen.

Das führt uns noch einmal nach Israel. Neben dem Eichmannprozess bietet die Entwicklung des Zionismus weitere Beispiele für das (späte) Zusammentreffen von Erinnerung und Geschichtsschreibung. Dies ist der Fall bei der Interpretation des Kriegs von 1948 durch die „neuen" israelischen Historiker (Benny Morris, Ilan Pappé und andere). Auf der Grundlage von Forschungen in den Archiven – wobei die palästinensische Historiographie und die Zeugnisse von Flüchtlingen ignoriert wurden – stellen diese Historiker den zionistischen Mythos der palästinensischen „Flucht" radikal in Frage und schildern den Krieg von 1948 wenn nicht als eine geplante Vertreibung, so doch als einen Konflikt, der *de facto* die Gelegenheit bot, das zionistische Projekt eines jüdischen Staats *ohne Araber* zu realisieren. Einige, wie Ilan Pappé, glauben in diesem Krieg Züge einer ethnischen Säuberung zu erkennen. Diese Historiographie bestätigt Berichte der *Nakbah* („Katastrophe"), die Erinnerung an den Exodus der Flüchtlinge, rekonstruiert durch eine palästinensische Historiographie, die unter dem Eindruck dieses Traumas im Exil entstanden ist.[110] Diese Erinnerung und Geschichtsschreibung blieben bis heute auf die arabische Welt beschränkt, sie verstoßen sowohl gegen den zionistischen Bericht (die Geschichte als nationalistisches jüdisches Epos) als auch gegen das historische Bewusstsein der westlichen Welt. Weil der Staat Israel als Wiedergutmachung des Genozids an den europäischen Juden gegründet wurde, war es schwierig, einzuräumen, dass seine Geburt mit einer Unterdrückungshandlung einherging. Die Akzeptanz des palästinensischen Berichts der *Nakbah* und die Revision des jüdischen Berichts über den „Befreiungskrieg" wären die notwendigen Voraussetzungen, damit zwei nationale Erinnerungen eines Tages in einem gemeinsamen Raum koexistieren können (in der Form von zwei Staaten, einer Föderation oder eines binationalen Staats). Es gäbe dann eine Übereinstimmung zwischen der „gestauten Zeit" der palästinensischen Erinnerung – der *Nakbah* als ewige Gegenwart – und einer israelischen Anamnese, ausgelöst durch die Arbeit der Historiker.

---

läufe. Berlin 1993. S. 123–140.

110 Pappe, Illan: La Guerre de 1948 en Palestine. Aux origines du conflit israélo-arabe. Paris 2000. Vgl. auch die Beobachtungen von Warschawski, Michael: Israël–Palestine. Le défi binational. Paris 2001. S. 39–46. Über den Beginn einer palästinensischen Historiographie vgl. Khalidi, Rashid: Palestinian Identity. New York 1997, und Sanbar, Elias: Hors de lieu, hors du temps. Pratiques palestiniennes de l'histoire. In: Hartog, François, und Jacques Revel (Hrsg.): Les Usages politiques du passé. S. 123.

„Schwache" und „starke" Erinnerungen

Die einzige Differenz zwischen einer Sprache und einem Dialekt liege darin, dass die Sprache polizeilich geschützt sei und der Dialekt nicht, konstatiert ein bei Minderheiten verbreiteter Aphorismus. Man könnte diese Feststellung auf die Erinnerung ausweiten. Es gibt offizielle Erinnerungen, die von Institutionen, auch Staaten aufrecherhalten werden, und vergrabene Erinnerungen, die verborgen oder verboten sind. Die „Sichtbarkeit" und die Anerkennung einer Erinnerung hängen auch von der Stärke derer ab, die sie tragen. Anders ausgedrückt, gibt es „starke" und „schwache" Erinnerungen. In der Türkei wird die armenische Erinnerung noch immer untersagt und unterdrückt. In Lateinamerika stellte sich bei den Fünfhundertjahrfeiern der Entdeckung des Kontinents die indigene Erinnerung der offiziellen Erinnerung der aus Kolonialisierung und Genozid entstandenen Staaten direkt entgegen. Stärke und Anerkennung sind keine irreversiblen Größen, sie verändern sich, konsolidieren sich oder werden schwächer und tragen dazu bei, den Status der Erinnerung immer wieder neu zu bestimmen. Die kommunistische Erinnerung war stark, dogmatisch und arrogant zu einer Zeit, als die UdSSR eine Großmacht war und die Arbeiterbewegung über eine beachtliche soziale und politische Stärke verfügte. Heute scheint sie in die Illegalität zurückgefallen zu sein. Sie wird weitergegeben als Gedächtnis einer Gemeinschaft von Besiegten, stigmatisiert, wenn nicht offen kriminalisiert im herrschenden Diskurs. Die armenische Erinnerung bleibt schwach, weil ihre Leugner über einen international anerkannten Staat verfügen, dem gegenüber die anderen Staaten es aus ökonomischen oder geopolitischen Gründen häufig vorziehen, nicht an diese Vergangenheit zu rühren.

Die homosexuelle Erinnerung beginnt gerade sich öffentlich zu äußern. Während Jahrzehnten wurden die Vereinigungen von homosexuellen Gefangenen der Nazilager von offiziellen Gedenkveranstaltungen als Träger einer oft diskriminierten und nicht erwähnenswerten Erinnerung ausgeschlossen. Die Gesetze, die ihre Deportation ermöglichten – zum Beispiel der Paragraph 175 des Strafgesetzbuches der Weimarer Republik –, wurden spät in der Nachkriegszeit aufgehoben, als eine große Zahl von anderen ehemaligen Deportierten längst entschädigt worden war.

Die Erinnerung an die Shoah, die heute dermaßen universell geworden ist, dass sie die Funktion einer *Alltagsreligion* in der westlichen Welt angenommen hat, illustriert gut den Übergang von einer *schwachen* zu einer *starken* Erinnerung. Der amerikanische Historiker Peter Novick hat diese Mutation in der US-amerikanischen Gesellschaft erforscht.[111] Er unterscheidet vier grundlegende Stufen. Zunächst die Jahre des Kriegs, als der Hauptfeind Amerikas Japan war. Roosevelt hatte damals vor allem eine Sorge: zu vermeiden, dass die amerikanische Intervention in Europa als „ein Krieg für die Juden" verstanden wird. In dieser Zeit wurde der Auslöschung der Juden keine besondere Aufmerksamkeit geschenkt, und das Land wurde von keinerlei schlechtem Gewissen geplagt, weil es ein solches Verbrechen nicht verhindert hatte. Die Juden hatten in dieser Zeit kein größeres Bewusstsein und waren auch nicht sensibler als andere US-amerikanische Bürger gegenüber dem Morden in der Alten Welt. Am Ende des Konflikts waren sie eher stolz, dass ihr Land zur Niederlage des Nationalsozialismus beigetragen hatte. In der zweiten Periode – in den Fünfzigerjahren und der ersten Hälfte der Sechzigerjahre – ist der Genozid an den Juden in der Öffentlichkeit nicht vorhanden. Die Erinnerung an den Holocaust und die Forderungen eines Kampfes gegen den „Totalitarismus" passen schlecht zusammen. Als der kalte Krieg die UdSSR zum totalitären Hauptfeind erklärte, gegen den alle Energien der „freien Welt" gerichtet werden müssten, hätte die Erwähnung der nationalsozialistischen Verbrechen die öffentliche Meinung verunsichern und die neue Allianz mit der BRD gefährden können.

Die US-amerikanischen Juden wurden der Sympathie mit dem Kommunismus verdächtigt. Julius und Ethel Rosenberg gehörten zu den wenigen, die in den Fünfzigerjahren in den USA über Auschwitz sprachen: während ihres Prozesses, in dem sie zum Tod verurteilt wurden. Die jüdischen Institutionen wandten sich gegen die Aufstellung von Denkmälern oder die Einrichtung von Gedenkorten wegen des nationalsozialistischen Massakers. Der Zeitgeist sehnte sich eher nach einer Aufwertung der Helden und einer Produktion von Stärke als nationaler Eigenheit. Die US-amerikanischen Juden wollten sich mit diesem erobernden Amerika identifizieren (und sich integrieren), sie wollten aber auf keinen Fall als Opfergemeinschaft wahrgenommen werden.

Novick zufolge setzt der Übergang in den Sechzigerjahren ein. Zunächst mit dem Eichmannprozess, der zum ersten Mal die Erinnerung an den Holocaust in die Öffentlichkeit bringt. Dann der Sechstagekrieg 1967, eine Wende, die den Begriff „Holocaust" umgangssprachlich werden lässt; zuvor hatte er selten dazu gedient, den Genozid an den Juden zu bezeichnen. Dieser Krieg produziert eine einzigartige Spaltung, die bis heute fortdauert: Ein Großteil der Juden aus der Diaspora begreift ihn als Drohung einer neuen Vernichtung, wogegen die arabische Öffentlichkeit Israel als neokoloniale Macht betrach-

111 Novick, Peter: The Holocaust in American Life. New York 1999.

tet. Seitdem ist die Erinnerung an Auschwitz eng mit der Wahrnehmung des israelisch-arabischen Konflikts verbunden, mit all den ideologischen Kurzschlüssen und politischen Funktionalisierungen, die sich daraus ergeben. Auch daher stammt der diffuse Negationismus in der arabischen Welt, der nichts mit dem europäischen Antisemitismus zu tun hat. Für einen Teil der arabischen Öffentlichkeit ist die Shoah ein „jüdischer Mythos", der gebraucht wird, ja sogar erfunden wurde, um die Palästinenser zu unterdrücken. Israel dagegen tendiert dazu, die arabische Verweigerung durch das Prisma der Shoah zu betrachten. Dies geht so weit, dass die Chefs der israelischen Armee die Grenzen von 1967 als „die Grenze von Auschwitz"[112] bezeichnen. Für die einen ist die Geburt Israels das Symbol einer Wiederauferstehung, für die anderen das einer Katastrophe, der *Nakbah:* Hier stoßen Erinnerungen brutal zusammen, und ein Weg zu einem Dialog wurde noch nicht gefunden.

1982 veröffentlicht der Auschwitz-Überlebende Yehuda Elkana, Direktor des Historischen Instituts der Wissenschaften an der Universität Tel Aviv, entsetzt über die während der israelischen Besatzung des Libanons begangenen Verbrechen, in der Tageszeitung *Haaretz* einen provokativen Artikel, in dem er seinen Mitbürgern die Tugenden des Vergessens preist: „Für das Vergessen". Die Zukunft müsse aufgebaut werden, schreibt er, und man solle „sich nicht früh und spät um die Symbole, Feiern und Lehren des Holocaust kümmern. Die Herrschaft der historischen Erinnerung muss aus unserem Leben entfernt werden."[113] Er entdeckt so die *zivilen Tugenden des Vergessens*, wie sie die alten Griechen 403 v. u. Z. als Versöhnungspolitik nach der Oligarchie der dreißig Tyrannen empfahlen.[114] Der Sinn von Elkanas Intervention ist klar: Das Vergessen ist schuldig, wenn es die Verfolger tun und ihre Erben, die Erinnerung ist nicht immer tugendhaft und kann auch missbraucht werden.

Die letzte Phase wird durch die Fernsehserie *Holocaust* (1978) eröffnet, die sowohl in den USA als auch in Deutschland großen Einfluss hat. Der Genozid an den Juden wird zum Prisma, um die Vergangenheit zu verstehen, und ein entscheidendes Definitionselement des westlichen historischen Bewusstseins und vor allem der jüdischen Identität. Er wird Gegenstand der wissenschaftlichen Forschung und der Lehre (die *Holocaust Studies* sind von nun an ein vollwertiges Fachgebiet an den Universitäten), des öffentlichen Gedenkens

---

112 Vgl. Diner, Dan: Cumulative Contingency. Historicizing Legitimacy in Israeli Discourse. In: Beyond the Conceivable. Studies on Germany, Nazism, and the Holocaust. Berkeley 2000. S. 215.

113 Segev, Tom: Die siebte Million. Der Holocaust und Israels Politik der Erinnerung. Reinbek 1995. S. 659.

114 Loraux, Nicole: La Cité divisée. L'oubli dans la mémoire d'Athènes. Paris 1997.

(durch offizielle Gedenkfeiern sowie den Bau von Denk- und Mahnmälern und Museen,) und Ware der Medien und der Kulturindustrie Hollywoods. Der Genozid an den Juden unterlag, unterstreicht Novick, einem Amerikanisierungsprozess, anders ausgedrückt, er wird in das historische Gedächtnis der Vereinigten Staaten aufgenommen und *sakralisiert*, indem er sich in eine Art *Alltagsreligion* transformiert, gewappnet mit seinen Dogmen (seiner Einzigartigkeit und Unvergleichbarkeit) und verkörpert durch seine „Heiligen" (die Überlebenden, die zu Ikonen werden).

Der Erfolg dieser offiziellen Erinnerung schreibt sich ein in einen kulturellen Kontext, in dem die US-amerikanischen Juden den integrativen Ethos der Fünfziger- und Sechzigerjahre ablegen zugunsten eines neuen, partikularen Ethos. Elie Wiesels Formulierung vom Holocaust als einzigartigem und universellem Ereignis in einem fasst diese Amerikanisierung des Holocaust zusammen und drückt seine Transformierung in eine Stütze der ethnisch-kulturellen jüdisch-amerikanischen Identität aus. Diese Identifizierung mit den Opfern, erklärt Novick, sei möglich aufgrund der Stärke der Juden in der amerikanischen Gesellschaft und nicht aufgrund ihrer Schwäche. Daher seine Skepsis: Die Sakralisierung des Holocaust ist eine schlechte Erinnerungspolitik. Während die Anerkennung des *einzigartigen* Charakters des Genozids an den Juden eine wichtige Rolle für die Herausbildung des modernen historischen Gedächtnisses gespielt habe, so habe sie in den Vereinigten Staaten dagegen eine „*Flucht* aus der moralischen und politischen Verantwortung" gefördert.[115] So kommt es zu dem Paradoxon der Gründung eines Holocaustmuseums, einer europäischen Tragödie gewidmet, wogegen nichts Vergleichbares für die beiden Gründungserfahrungen der US-Geschichte existiert, den Genozid an den Indianern und die Versklavung der Schwarzen. Und zur selben Zeit, als das Holocaustmuseum 1995 eingeweiht wurde, ließ die US-Post eine Briefmarke drucken, die den Jahrestag der Atombomben auf Hiroshima und Nagasaki als glückliches Ereignis feierte, das den Zweiten Weltkrieg beendet habe.[116]

In ihrem letzten Werk, *Das Leiden anderer betrachten*, legte Susan Sontag den Finger in die Wunde dieses Gebrauchs einer sehr selektiven Erinnerung. Der Holocaust, so schreibt sie, werde „institutionalisiert" und in ein Instrument transformiert für eine besonders vergessliche Erinnerungspolitik, was die Verbrechen der USA angehe, bei denen sie nicht die Rolle des Befreiers innehatten, sondern eher die des Verfolgers: „Mit einem Museum, das das große

115 Novick, Peter: The Holocaust in American Life. New York 1999. S. 15.
116 Vgl. Todeschini, Maya Morioka (Hrsg.): Hiroshima 50 ans. Paris 1995.

Verbrechen der Sklaverei in den Vereinigten Staaten dokumentieren würde, wäre das Eingeständnis verbunden, dass sich das Böse *hierzulande* ereignet hat. Amerikaner malen sich jedoch lieber das Böse aus, das sich *anderswo* abgespielt hat und von dem die Vereinigten Staaten (...) unberührt geblieben sind. Dass dieses Land, wie jedes andere, auch eine tragische Vergangenheit hat, will zu dem nach wie vor allmächtigen Glauben an die Ausnahmestellung Amerikas nicht passen."[117]

In den Vereinigten Staaten, ergänzt Novick, „ist die Erinnerung an den Holocaust dermaßen banal, inkonsequent, nicht wirklich eine Erinnerung, weil sie auf einem Konsens beruht, keinen Bezug nimmt zu den realen Spaltungen der amerikanischen Gesellschaft, *apolitisch* ist".[118] Novick ist nicht der Erste, der dies feststellt. Vor zehn Jahren kritisierte Arno Mayer einen „Erinnerungskult", der sich schnell in einen „übertriebenen Dogmatismus" verwandelt habe, der besage, dass sich das Massaker an den Juden unabhängig von historischen und profanen Umständen ereignete, um, von allem isoliert, in einer sakralisierten Erinnerung fixiert zu werden, „von der es nicht erlaubt ist, abzuweichen, und die sich dem kritischen und kontextuellen Denken entzieht".[119]

Die äußeren Manifestationen dieser *starken* Erinnerung verweisen auf den *mitfühlenden Narzissmus*, den Gilbert Achcar kritisierte angesichts des Gedenkrituals für die Opfer des 11. September 2001.[120] Die westliche Welt feiert sich selbst, wenn sie dieser Opfer gedenkt, die sie mit ihrem Bewusstsein und ihrer Erinnerung in ihre Vorstellungswelt integriert hat, und die sie somit in ein konstitutives Element der eigenen Identität transformiert. Dies wäre direkt nach dem Krieg nicht möglich gewesen, als die Opfer des Holocaust, weit davon entfernt, als typische Repräsentanten der westlichen Welt zu gelten, zunächst als „Ostjuden" wahrgenommen wurden, als Verkörperung einer Nichtidentität und wenig toleriert innerhalb der verschiedenen nationalen Gemeinschaften. Das Schweigen der westlichen Gesellschaft 1945 über Auschwitz schreibt sich in die gleiche Logik ein, die die Indifferenz bestimmt oder das distanzierte Mitgefühl, mit dem heutzutage die gewalttätigen Auseinandersetzungen in der so genannten Dritten Welt oder die Opfer der eigenen „humanitären" Kriege betrachtet werden.

---

117 Sontag, Susan: Die Leiden anderer betrachten. München, Wien. 2003. S. 101ff.

118 Novick, Peter: The Holocaust in American Life. New York 1999. S. 15.

119 Mayer, Arno: Why did The Heavens not Darken? The Final Solution in History. New York 1988.

120 Achcar, Gilbert: Der Schock der Barbarei. Karlsruhe 2002.

Ein Gegenbeispiel der *starken Erinnerung* verdient es, erwähnt zu werden. Das beeindruckende *Denkmal für die ermordeten Juden Europas*, eingeweiht im Mai 2005 in Berlin, verweist auf einen öffentlichen Gebrauch der Vergangenheit, der sich stark von dem unterscheidet, was Peter Novick und Susan Sontag in den USA kritisieren. Erbaut im Herzen der deutschen Hauptstadt, neben dem Brandenburger Tor, zwischen Reichstag und Potsdamer Platz, besetzt dieses nüchterne, kalte und gigantische Monument einen Raum von fast 20 000 Quadratmetern mit Tausenden von Betonstelen von unterschiedlicher Höhe.[121] Der Architekt Peter Eisenman wollte seinem Werk keine ausdrückliche Symbolik verleihen und überlässt dem Publikum die Interpretation. Die Meinungen sind geteilt: Einige sehen darin einen Friedhof, ein Labyrinth, ein Weizenfeld, das Meer, andere eine grässliche Karikatur der totalitären Architektur des Dritten Reichs, des Triumphs des „Ornaments der Masse" (im Sinn von Kracauer) in einer riesigen Installation ohne Inhalt. In Anlehnung an Régine Robin könnte man es als eine dieser „verwirrenden Konstruktionen" betrachten, es gibt mehrere innerhalb Berlins – die „etwas von der Vergangenheit in ihrer *Unlesbarkeit* und nicht in ihrer *Erklärbarkeit*" übermitteln.[122]

Das Denkmal ist der Endpunkt einer zehnjährigen intensiven intellektuellen und politischen Auseinandersetzung in der Zivilgesellschaft und im Bundestag. Mit einem Dokumentationszentrum versehen, erfüllt dieses in seiner Art einzigartige Mahnmal mehrere Funktionen: Es ist einerseits ein Monument, das an die ermordeten Juden erinnert, und andererseits ein Monument der Warnung an die deutsche Nation. Oder ein Ausdruck des Mitleids mit den Opfern und eine Erinnerung an das Verbrechen für die deutsche Nation, die die Verantwortung und ihre Erbschaft annimmt. Einige, wie der Schriftsteller Martin Walser, sahen darin ein inakzeptables „Schandmal"; andere, wie der Philosoph Jürgen Habermas, den Beweis, dass Deutschland Auschwitz in sein historisches Bewusstsein integriert hat.

Eigentlich hat dieses Mahnmal seine Funktion bereits erfüllt, bevor es fertiggestellt wurde, wenn man an die leidenschaftlichen Debatten denkt, die es ausgelöst hat. Es legt auch Zeugnis ab über die Mutationen, die aus der Shoah am Ende einer Kontroverse eine *starke* Erinnerung gemacht haben, die zu Beginn andere Möglichkeiten nicht ausschloss. Helmut Kohl, der Kanzler war, als die Debatte begann, wünschte sich ein Denkmal für „alle Opfer des

121 Es gibt bereits eine ausufernde Literatur über dieses Denkmal. Vgl. den von der »Stiftung Denkmal für die ermordeten Juden Europas« veröffentlichten Katalog: Materialien zum Denkmal für die ermordeten Juden Europas. Berlin 2005.

122 Robin, Régine: Berlin. Gedächtnis einer Stadt. Berlin 2002. S. 311.

Krieges und der Tyrannei" und die Entscheidung für ein *Holocaustdenkmal* war längst nicht gefallen. Kohls Vorschlag zielte darauf ab, die nationalsozialistischen Verbrechen in einem allgemeinen Gedenken der Opfer des Kriegs aufzulösen, eingeschlossen die Juden, die zivilen Opfer, die deutschen Soldaten, die Opfer der Genozide und die der alliierten Bombenangriffe, die Deportieren und die in diesem Konflikt gestorbenen Verfolger. Einige Jahre zuvor hatte Kanzler Kohl, begleitet vom US-Präsidenten Ronald Reagan, den deutschen Soldatenfriedhof in Bitburg besucht, wo auch zahlreiche SS-Angehörige begraben sind.

Kurz nach der Vereinigung gelang es Kohl, die SPD von seiner Position zu überzeugen, 1993 in Berlin eine *Zentrale Gedenkstätte der Bundesrepublik Deutschland* zu eröffnen, und zwar in der *Neuen Wache*. Im Zentrum Berlins, gebaut von dem Architekten Karl Friedrich Schinkel, war dieses Denkmal über zwei Jahrhunderte der getreue Interpret der Gedenkpolitiken verschiedener deutscher Regime. Entstanden als Erinnerungsort der patriotischen Kämpfe gegen die napoleonische Unterdrückung, wurde es in der Weimarer Republik in ein Denkmal für die Toten des Ersten Weltkriegs verwandelt und diente es in der DDR als Mahnmal für die Opfer des Faschismus. Mit einer *Pietà*, eine vergrößerte Skulptur von Käthe Kollwitz, entstanden zwischen den Kriegen, gedenkt die *Neue Wache* nun aller „Opfer" des Zweiten Weltkriegs (das deutsche Wort *Opfer* bezeichnet sowohl die unschuldigen Opfer als auch die Märtyrer)[123]. Das *Holocaustmahnmal* unterscheidet sich selbstredend von dieser zweideutigen Erinnerung, die ihren apologetischen Charakter offen zur Schau trägt. Die Entscheidung für ein Holocaustmahnmal (und nicht für ein Denkmal für alle Opfer des Nationalsozialismus) setzt sich dem Risiko aus, das alle *starken* Erinnerungen in sich tragen: die Erinnerungen der Schwächeren zu erdrücken.

Der Historiker Reinhart Koselleck, der Schriftsteller Günter Grass, der Philosoph Micha Brumlik und andere kritisierten die Zentriertheit des Denkmals auf den Genozid an den Juden. Koselleck: „Akzeptieren wir einmal das Denkmal nur für die Juden, dann erhebt sich daraus unentrinnbar jene oft zitierte Denkmalshierarchie, die je nach Zahl der Ermordeten und je nach Einfluss der Überlebenden die nazistischen Tötungskategorien festschreibt und in unterschiedlichen Größenordnungen versteinert. Es stellt sich die Frage, ob wir als Nation der Täter diese Folgelasten gutheißen können."[124] Er

123 Über die Neue Wache vgl. Reichel, Peter: Vergangenheitsbewältigung in Deutschland. München, Wien 1995. S. 231–246.

124 Koselleck, Reinhart: Wer darf vergessen werden? Das Holocaust-Mahnmal hierarchi-

schlägt also ein *Mahnmal* vor, das sich an die Deutschen richtet und allen nationalsozialistischen Opfern gewidmet ist. Habermas, der die Entscheidung für ein Holocaustdenkmal legitim findet, wies auf die Rolle hin, die die Juden in der deutschen Geschichte spielten, und fand Kosellecks Kritik durchaus berechtigt, als er schrieb, dass dieses Denkmal die Juden als *pars pro toto* betrachtet.[125] Gleichwohl entschied die Bundesregierung, konfrontiert mit den Forderungen der anderen Opfer, die Ausschreibung von zwei weiteren Mahnmalen: eines für die Sinti und Roma und eines für die deportierten Homosexuellen.

Geschichte und Erinnerung werden nicht durch unüberwindliche Barrieren getrennt, sondern interagieren ständig. Daraus entsteht ein privilegiertes Verhältnis zwischen den *starken* Erinnerungen und der Geschichtsschreibung. Je stärker die Erinnerung – in der öffentlichen und institutionellen Anerkennung –, desto eher wird die Vergangenheit, die sie überträgt, erforscht und in die Geschichte integriert. Das oben zitierte Beispiel von Raul Hilberg illustriert dieses Phänomen. Am Ende des Kriegs, als die Erinnerung an den Holocaust schwach war, riet ihm Franz Neumann, das Thema seiner Doktorarbeit zu wechseln, und sagte ihm ganz offen, dass er mit einem solchen Forschungsgegenstand keine wissenschaftliche Karriere machen könne (Hilberg war tatsächlich lange Zeit ein Außenseiter in der akademischen Welt der USA, er beendete seine Karriere an der Universität von Vermont).[126] Heute wird die Bedeutung der Erinnerung an die Shoah im öffentlichen Raum von den *Holocaust Studies* an den Universitäten flankiert.

Es ist fast banal, das Auftauchen der postkolonialen Studien und des Multikulturalismus als langfristige Konsequenz der Entkolonialisierung zu interpretieren. Damit einher geht die Annerkennung der ehemals kolonialisierten Völker als historische Subjekte und die Einbindung einer ursprünglich indischen oder afroamerikanischen Intelligenz in die wissenschaftlichen Institutionen.

Es geht nicht darum, eine mechanische Wechselwirkung zwischen der *Stärke* einer Gruppenerinnerung und der Bedeutung der Historisierung ihrer Vergangenheit zu behaupten. Lévi-Strauss schrieb *Traurige Tropen* nicht, weil die Bororos eine institutionelle Kraft oder in den Medien präsent waren. Dieses Verhältnis ist nicht direkt, weil es sich innerhalb verschiedener Kon-

---

siert die Opfer. In: Die Zeit. Nr. 13. 1998.

125 Habermas, Jürgen: Der Zeigefinger. Die Deutschen und ihr Denkmal. In: Die Zeit. Nr. 14. 1999.

126 Vgl. Hilberg, Raul: The Politics of Memory. Chicago 1996.

texte definiert und unterschiedlichen Vermittlungen unterworfen bleibt, aber es wäre absurd, es zu ignorieren. Die Erinnerung an die Opfer des Massakers von Nanking, der Hauptstadt des nationalistischen Chinas, verübt von der kaiserlichen japanischen Armee während der Besetzung der Stadt im Dezember 1937[127], oder das Schicksal der „Vergnügungsfrauen", die von den japanischen Besatzungsbehörden während des Zweiten Weltkriegs gezwungen wurden, sich zu prostituieren, blieb ihren Nachfahren lange Zeit unbekannt und wurde nicht öffentlich thematisiert.[128] Der Erfolg von China und Südkorea als Wirtschaftsmächte transformierte diese Erinnerung in ein Element der diplomatischen Beziehungen zwischen diesen beiden Ländern und Japan und brachte letzteres dazu, seine Verbrechen anzuerkennen und sich offiziell zu entschuldigen.

Diese Überlegungen gelten auch weitgehend für die Erinnerung an den Algerienkrieg. Man kann durchaus von einer „Rückkehr des Verdrängten" sprechen, als jüngst die Verbrechen der französischen Armee zwischen 1954 und 1962 anerkannt wurden. Diese Anerkennung ist mit den Etappen der Aufarbeitung der französischen Kolonialvergangenheit verbunden. Aber es ist gewiss, dass diese Anerkennung auch mit der Formulierung einer algerischen Erinnerung zusammenhängt – die sich nun innerhalb der französischen Gesellschaft artikuliert –, wo die Nachfahren der ehemals Kolonisierten eine bedeutende Minderheit bilden. Die Anerkennung des Massakers vom 17. Oktober 1961[129], im Herzen der Hauptstadt, wurde nicht zwischen der französischen Regierung und algerischen Politikern verhandelt (wie es noch beim Massaker von Sétif im Mai 1945 geschehen war[130]). Die Anerkennung des Massakers vom 17. Oktober 1961 bleibt rein symbolisch, sie reduziert sich auf einige Erklärungen von Politikern, ein Gerichtsurteil und eine Gedenktafel, die in Gegenwart des Bürgermeisters von Paris angebracht wurde, aber sie ist das Ergebnis einer langen Debatte in der französischen Gesellschaft.

---

127 Vgl. Fogel, Joshua (Hrsg.): The Nanjing Massacre in History and Historiography. Berkeley 2000.

128 Vgl. Buruma, Ian: The Wages of Guilt. Memories of War in Germany and Japan. London 1994.

129 Am 17. Oktober 1961 drängte die Polizei bei einem brutalen Einsatz Algerier, die an einer friedlichen Demonstration gegen die Sperrstunde teilnahmen, in die Seine, woraufhin mehrere hundert ertranken. Den Einsatzbefehl gab der Naziverbrecher Maurice Papon, damals Polizeipräsident von Paris. Dieses Massaker wurde zum ersten Mal 1984 in einem Kriminalroman von Didier Daeninckx thematisiert: *Bei Erinnerung Mord.*

130 Vgl. Beaugé, Florence: Paris reconnaît que le massacre de Sétif en 1945 était »inexcusable«. In: Le Monde. 9 März 2005.

Es handelt sich vor allem um den Erfolg einer breiten Bewegung, in der sich die Kämpfe einer Generation *beur*[131] für die Aneignung und die Gleichberechtigung der eigenen Vergangenheit mit den Anstrengungen einer postkolonialen Geschichtsschreibung vereinten, die für die Stimmen der Kolonisierten in ihrem Bericht über die Vergangenheit empfänglich ist. Und auch, könnte man hinzufügen, vereint mit dem Widerstand einer kleinen Minderheit von Archivaren, die ihrer Hierarchie und ihrem Berufsethos – immer im Dienst der Staatsräson – den Krieg erklärten und die historische Wahrheit über ihre Karriere stellten.[132] Das plötzliche Auftauchen dieser postkolonialen Erinnerung brachte die Erinnerung der französischen Linken durcheinander, die das Massaker vom Oktober 1961 ignoriert und durch das Gedenken an die eigenen Märtyrer verdeckt hatte: die neun Opfer der Demonstration von Charonne am 8. Februar 1962. Sie wurde so auf ihre Erinnerungslücken verwiesen, die nur ihre Anpassung verdeutlichen an eine koloniale Vorstellungswelt mit ihren Hierarchien, die das Leben von französischen Antikolonialisten für wertvoller erachten als das von algerischen Nationalisten.

131 »Beur« nennen sich die Kinder maghrebinischer Migranten in Frankreich, die entweder als Kinder nach Frankreich kamen oder dort geboren wurden. Sie entwickelten eine eigene Subkultur.

132 Vgl. Stora, Benjamin: La Gangrène et l'oubli. La mémoire de la guerre d'Algérie. Paris 1991. Über das Massaker vom 17. Oktober 1961 vgl. Einaudi, Jean-Luc: Octobre 1961. Paris 2001, und Grandmaison, Olivier Lecour (Hrsg.): Le 17 octobre 1961. Un crime d'État à Paris. Paris 2001.

III. Kapitel: Der Historiker – Richter oder Schriftsteller?

Erinnerung und Geschichtsschreibung

Der *„linguistic turn"* hatte einen fruchtbaren Einfluss auf die zeitgenössische Historiographie.[133] Der Begriff ist ein Etikett für verschiedene intellektuelle Strömungen aus den Vereinigten Staaten Ende der Sechzigerjahre, die aus dem Zusammenspiel des französischen Strukturalismus mit der analytischen Philosophie und dem angelsächsischen Pragmatismus entstanden sind. Er ermöglichte, die Dichotomie zu durchbrechen, die bis dahin die Ideen- von der Sozialgeschichte trennte, die Grenzen einer Geschichte des selbstreferentiellen Denkens und eines Historismus zu überwinden, der auf der Illusion gründet, dass sich die historische Interpretation auf den einfachen Reflex einer strengen Objektivierung und Kontextualisierung der Ereignisse der Vergangenheit reduzieren lasse. Der *linguistic turn* unterstrich die Bedeutung der textlichen Dimension des historischen Wissens, und anerkannte, dass die Geschichtsschreibung eine diskursive Praxis ist, die immer einen Anteil Ideologie, Repräsentation und literarischer Kodes enthält, die sie aus dem individuellen Werdegang eines Autors geerbt hat. Somit ermöglichte der *linguistic turn* eine neue Dialektik zwischen der Realität und ihrer Interpretation, zwischen Texten und Kontexten, indem sie die Grenzen der intellektuellen Geschichte neu definierte und den Status des Historikers fruchtbar zur Diskussion stellte, dessen Verwicklung in seinen Forschungsgegenstand nun nicht mehr ignoriert werden kann.

Diese Strömung kannte auch fragwürdige Entwicklungen, die häufig kritisiert wurden (und auf die sich ihre Rezeption in Europa fast ausschließlich beschränkt). Ihre bekannteste methodische Abweichung war, in den Worten von Roger Chartier, die Tendenz „einer gefährlichen Reduktion der sozialen Welt auf eine rein diskursive Konstruktion, auf reine Wortspiele"[134]. Die radikalsten Vertreter des *linguistic turn* ließen somit die Wahrheitssuche fallen, den eigentlichen Beweggrund der Geschichtsschreibung, und vergaßen, dass „die Vergangenheit, die ihr Gegenstand ist, eine Realität außerhalb des Dis-

133 Eine gute Zusammenfassung des »linguistic turn« bietet Dosse, François: La Marche des idées. Histoire des intellectuels, histoire intellectuelle. Paris 2003. S. 207–226. Über den Einfluss des »linguistic turn« auf die Sozialgeschichte vgl. Ely, Geoff: De l'histoire sociale au »tournant linguistique« dans l'historiographie anglo-américaine des années 1980. In: Genèses. 1992. Nr. 7. S. 163–193.

134 Chartier, Roger: Au bord de la falaise. L'histoire entre certitudes et inquiétude. Paris 1998. S. 11.

kurses darstellt und dass ihre Kenntnis kontrolliert werden kann"[135]. Wenn man einige Prämissen dieser Strömung zuspitzt, verteidigte der *linguistic turn* eine Art „Pantextualismus", den Dominick LaCapra als „säkularisierte Erschaffung"[136] bezeichnet: Die Geschichte sei nur eine narrative Kreation, die immer wieder neu entstehe, je nach den Kodes der Literatur.

Doch ist Geschichte nicht mit Literatur gleichzusetzen, denn die Historisierung von Vergangenheit muss sich an die Wirklichkeit halten und ihre Argumentation kann sich nicht der Notwendigkeit von Beweisen entziehen. Deshalb ist die Behauptung von Roland Barthes „die Tatsache hat immer nur eine sprachliche Existenz"[137] nicht akzeptabel. Genauso wenig wie der radikale Relativismus von Hayden White, der historische Fakten als rhetorische Kunstprodukte bezeichnet, die auf ein „linguistisches Protokoll" verweisen, das die historische Narration mit dem literarischen Einfallsreichtum identifiziert, da beide sich ihm zufolge auf dieselben Modalitäten der Repräsentation beziehen. Nach White sind „historische Erzählungen als das anzusehen, was sie am offensichtlichsten sind: sprachliche Fiktionen, deren Inhalt ebenso *erfunden* wie *vorgefunden* ist und deren Formen mit ihren Gegenstücken in der Literatur mehr gemeinsam haben als mit denen in den Wissenschaften."[138]

Barthes und White verneinen die Objektivität des historischen Diskurses. Aber auch wenn Geschichtsschreibung immer die Form eines *Berichts* annimmt, so unterscheidet sich dieser qualitativ von einer *Fiktion*.[139] Es geht nicht darum, die kreative Dimension von Geschichtsschreibung zu verneinen,

135 Ebenda. S. 16.

136 LaCapra, Dominick: Tropisms of Intellectual History. In: Rethinking History. 2004. Band 8. Nr. 4. S. 513.

137 Barthes, Roland: Der Diskurs der Geschichte. In: Das Rauschen der Sprache. Kritische Essays IV. Frankfurt/M. 2006. S. 149–163, hier S. 160.

138 White, Hayden: Der historische Text als literarisches Kunstwerk. In: Conrad, Christoph, und Martina Kessel (Hrsg.): Geschichte schreiben in der Postmoderne. Beiträge zur aktuellen Diskussion. Stuttgart 1994. S. 123–157, hier S. 125. Diese These formuliert er bereits in Metahistory. Frankfurt/M. 1991. Eine kritische Lesart von Whites Thesen unternehmen Chartier, Roger: Au bord de la falaise. S. 108–125, und Kantsteiner, Wulf: Hayden White's Critique of the Writing of History. In: History and Theory. 1993. Nr. 3. S. 273–295.

139 Um einige der unzähligen Kritiken an White zu erwähnen: Somigliano, Arnaldo: La retorica della storia e la storia della retorica: sui tropi di Hayden White. In: Sui fondamenti della storia antica. Turin 1984. S. 465–476. Chartier, Roger: Figures rhétoriques et représentation historique. In: Au bord de la falaise. S. 108–128. Ricœur, Paul: Gedächtnis, Geschichte, Vergessen. München 2004. S. 382–402. Evans, Richard: Fakten und Fiktionen. Über die Grundlagen historischer Erkenntnis. Frankfurt/M., New York 1998. Kapitel 3. S. 78–103.

denn die Tätigkeit des Schreibens beinhaltet immer, wie Michel de Certeau feststellte, einen Satz zu konstruieren „indem man über eine scheinbar *leere* Fläche, die Seite, geht“[140]. Aber de Certeau fügte hinzu, dass sich Geschichtsschreibung notwendigerweise immer in ein Verhältnis zu dem *Gegebenen setzt*: „Der *historische* Diskurs sucht einen wahren (der Verifizierung zugänglichen) Inhalt zu geben, aber in der Form einer Narration.“[141] White warnt zu Recht vor der positivistischen Illusion, die Geschichte auf eine sogenannte Selbstgenügsamkeit der Fakten zu begründen. Wir wissen z. B., dass Archive, die wichtigsten Quellen des Historikers – nie eine direkte und „neutrale“ Widerspiegelung der Fakten sind, denn sie können auch lügen. Deshalb müssen sie immer entziffert und interpretiert werden.[142] Whites Fehler besteht darin, die *historische Narration* (die Ausarbeitung von Geschichte in einem Bericht) mit der *historischen Fiktion* (der literarischen Erfindung der Vergangenheit) zu verwechseln.[143] Man könnte die Geschichte, mit den Worten von Reinhart Koselleck, als „Fiktion des Faktischen“ betrachten.[144] Der Historiker kann dem Problem der „Verschriftlichung“, der Rekonstruktion der Vergangenheit nicht ausweichen[145], aber er kann sie nicht von ihrem unüberwindlichen faktischen Sockel zerren, wenn er Geschichte schreiben möchte. Darin besteht der Unterschied zwischen Geschichtsbüchern über den Genozid an den Juden und der Literatur der Genozidleugner, die Gaskammern bleiben eine *Tatsache,* bevor sie zum Gegenstand einer diskursiven Konstruktion und einem *historical emplotment* werden.[146] Der Erfolg der Holocaustleugner brachte François

140 Certeau, Michel de: Das Schreiben der Geschichte. Frankfurt/M., New York 1991. S. 16.

141 Ebenda. S. 121.

142 Zur Beziehung zwischen Archiven und Geschichtsschreibung vgl. Combe, Sonia: Sur le rapport des archives à l'écriture de l'histoire. In: Archives interdites. L'histoire confisquée. Paris 2001.

143 LaCapra, Dominick: Writing History. Writing Trauma. S. 1–42. Auf der Grundlage ähnlicher Überlegungen bezeichnet Paul Ricœur das Paar historischer Bericht/fiktionaler Bericht als "antinomisch" (Gedächtnis, Geschichte, Vergessen. München 2004. S. 403).

144 Koselleck, Reinhart: Begriffsgeschichte und Sozialgeschichte. In: Vergangene Zukunft. Zur Semantik geschichtlicher Zeichen. Frankfurt/M. 1979. S. 107–129.

145 Robin, Régine: La mémoire saturée. S. 299.

146 Siehe zu dieser Debatte die Beiträge in: Friedländer, Saul (Hrsg.): Probing the Limits of Representation. Nazism and the „Final Solution“. Cambridge 1992 (vor allem die Debatte zwischen Hayden White [Historical Emplotment and the Problem of Truth, S. 37–57] und Carlo Ginzburg [Just One Witness. S. 82–96]). Ginzburg erkennt in den Thesen von White eine neue Version der idealistischen Philosophie des jungen Benedetto Croce in dessen Werk von 1893: La storia ridotta sotto il concetto generale

Bédarida dazu, auf eine gewisse „Verachtung" zu verweisen, die die Historiker in den letzten Jahrzehnten dem Begriff der „Tatsache" entgegenbrachten, und er ermahnte sie, „das Objektivitätskind nicht mit dem positivistischen Badewasser auszuschütten"[147]. Die Infragestellung des positivistischen Historismus mit seiner linearen Zeitrechnung, „homogen und leer", seiner deterministischen Kausalität und seiner Teleologie, die die historische Vernunft in eine Fortschrittsideologie verwandelt, bedeutet nicht unbedingt jeden Begriff von faktischer Objektivität in der Rekonstruktion von Vergangenheit abzulehnen. Pierre Vidal-Naquet formuliert das Problem deutlich, wenn er schreibt: „Es bleibt dass, würde sich der historische Diskurs nicht – welcher Vermittlungsformen auch immer sich bedienend – an das heften, was wir mangels einer besseren Bezeichnung das Reale nennen, würden wir zwar immer noch einen Diskurs erzeugen, aber dieser Diskurs wäre kein historischer mehr."[148]

Der radikale Relativismus von Hayden White trifft paradoxerweise mit dem Fetischismus des Erinnerungsberichts zusammen, der sich dem Archivieren von Fakten entgegenstellt. Claude Lanzmann, der Regisseur von *Shoah,* ist ein unermüdlicher Verteidiger des Erinnerungsberichts. *Shoah,* dieser außergewöhnliche Film war ein entscheidendes Ereignis Mitte der Achtzigerjahre, sowohl für die Integration des Genozids an den Juden in das historische Bewusstsein in der westlichen Welt, als auch für die Integration des Zeitzeugenberichts in die Quellen der historischen Erkenntnis. Die Arbeiten zur Erinnerung erhielten durch diesen Film einen wichtigen Impuls, und es ist sicherlich nicht übertrieben, zu behaupten, dass der Status des Zeitzeugenberichts in der historischen Forschung nach diesem Film ein anderer war.

Doch das Ergebnis stellte Lanzmann nicht zufrieden. Er betrachtet seinen Film als *Ereignis* und setzte ihn nach und nach an die Stelle des eigentlichen Ereignisses und ging soweit, die Bedeutung der „Archive" zu bezweifeln, d. h. der tatsächlichen Beweise, die von dem Ereignis geblieben sind (z. B. die Fotos der Vernichtung, aufgenommen vom *Sonderkommando* von Auschwitz im August 1944)[149]. Er verteidigte diese Haltung bei mehreren Gelegenheiten

---

dell'arte S. 87ff.).

147 Bédarida, François: Temps présent et présence de l'histoire. In: Histoire, critique et responsabilité. Brüssel 2003. S. 51.

148 Vidal-Naquet, Pierre: Die Schlächter der Erinnerung. Wien 2002. S. 176.

149 Lanzmann, Claude: La question n'est pas celle du document mais celle de la vérité. In: Le Monde. 19. Januar 2001. S. 29. Es handelt sich dabei um einen Kommentar zu der Ausstellung «Mémoire des camps» (vgl. Chéroux, Clément [Hrsg.]: Mémoire des camps. Photographies des camps de concentration et d'extermination nazis [1933–1999]. Paris 2001). George Wajcman hat die Position von Lanzmann weiterentwik-

und vor allem im Jahr 2000, als sein Film erneut in die Kinos kam: „*Shoah* ist kein Film über den Holocaust, keine Ableitung, kein Produkt, sondern ein ureigenes Ereignis. Auch wenn das einigen nicht gefällt (...), ist mein Film nicht nur Teil des Ereignisses der Shoah: Er trägt dazu bei, sie als Ereignis zu konstituieren."[150] So errichtete Lanzmann zunächst den, in *Shoah* gezeigten Zeitzeugenberichten ein, „Denkmal", wie er sagt. Dann stellte er sein „Denkmal" gegen das „Archiv", indem er die Anstrengung der Historiker, bestimmte Dokumente der Vergangenheit zu analysieren, als „unerträgliche interpretatorische Schulmeisterei" bezeichnete. Schließlich *ersetzte* sein Film das eigentliche Ereignis, dessen Beweise er sogar zerstören wollte.

Dies ist der Sinn einer provokanten Hyperbel Lanzmanns, die großes Aufsehen erregte, als Steven Spielbergs Film *Schindler's Liste* in die Kinos kam: „Und wenn ich einen Film gefunden hätte – einen verborgenen Film, denn es war strikt untersagt, zu filmen – gedreht von einem SS-Mann, der zeigt, wie dreitausend Juden, Männer, Frauen, Kinder zusammen sterben, erstickt in einer Gaskammer des Krematoriums II in Auschwitz. Wenn ich das gefunden hätte, hätte ich den Film niemals gezeigt, sondern ihn zerstört. Ich kann nicht erklären, warum. Das erklärt sich von selbst."[151]

Derartig entschieden zu behaupten, dass *Shoah* die Shoah ist, bedeutet ganz einfach, sie auf eine diskursive Konstruktion zu reduzieren, auf einen Bericht, gestaltet durch die Sprache, in der das Zeugnis nicht auf eine faktische eigentliche und grundlegende Realität verweist, sondern in der, ganz im Gegenteil, die Erinnerung sich selbst genügt, und sich als Ereignis konstituiert. Und weil *Shoah* sich als Dialogfolge abspielt, deren Subjekt Lanzmann bleibt, zeigt der Film auch die narzisstische Haltung des Autors, der sich selbst in letzter Instanz als ein entscheidendes Element des Ereignisses betrachtet.

Doch Lanzmann begnügt sich nicht damit, das Ereignis durch die Erinnerung zu ersetzen, denn er stellt das Ereignis gegen die Geschichte, d. h. gegen den Bericht über die Vergangenheit, und meint damit ihre Interpretation. „Nicht zu verstehen", schreibt er, sei sein „ehernes Gesetz" während

---

kelt: De la croyance photographique. In: Les Temps Modernes. 2001. Nr. 613. S. 47–83. So auch Pagnoux, Elisabeth: Reporter photographe à Auschwitz. Ebenda. S. 84–108. Zu dieser Debatte vgl. das Standardwerk Didi-Huberman, Georges: Images malgré tout. Paris 2003 und den exzellenten Essay von Ilsen About und Clément Chéroux: L'histoire par la photographie. In: Études photographiques. 2001. Nr. 10.

150 Lanzmann, Claude: Parler pour les morts. In: Le Monde des débats. Mai 2000. S. 15.

151 Lanzmann, Claude. Holocauste, la représentation impossible. In: Le Monde. 3. März 1994. S. VII.

der Vorbereitungsjahre von *Shaoh* gewesen: eine „Blindheit“, die er nicht nur als Voraussetzung für den „Vermittlungsakt“, die kreativen Momente eingeschlossen, fordert, sondern auch als erkenntnistheoretische Haltung, die er der Frage des Warum entgegenstellt, die unendliche akademische Frivolitäten oder Dummheiten herbeiführe[152]. Diese Haltung verweist auf die Regel der Nazis zu Auschwitz: „Hier ist kein Warum“, eine Regel, die Primo Levi „abstoßend“[153] fand. Lanzmann aber hatte entschieden, sie als eigenes „Gesetz“ zu verinnerlichen. Es ist schwierig, in diesem Verbot des „Warum“ keine Sakralisierung von Erinnerung zu sehen (einige sprechen von einer „säkularen Religiosität“[154]), mit obskurantistischer Einfärbung. Es handelt sich um ein normatives Verbot des Verstehens, welches das Herz der Geschichtsschreibung als Interpretationsversuch trifft. Das, was Levi „das erlösende Verständnis“ nennt, und das in seinen Augen das Ziel jeder Erinnerung an die Vergangenheit ist.[155]

Einer der originellsten Philosophen der letzten Jahre, Giorgio Agamben, schlägt ebenfalls vor, die historische Realität durch die Erinnerung zu ersetzen. In seinem Buch *Was von Auschwitz bleibt. Das Archiv und der Zeuge,* befragt er die „Aporie“ im Herzen der Judenvernichtung, „Tatsachen, die so wirklich sind, dass verglichen damit nichts mehr wahr ist“, die so eine Schere entstehen lassen zwischen der „Nicht-Koinzidenz von Fakten und Wahrheit, von Konstatieren und Verstehen“.[156] Um aus dieser Sackgasse herauszukommen, ruft er Primo Levi in Erinnerung, der in *Die Verlorenen und die Geretteten* den „Muselmann“, den Häftling in Auschwitz, als „ganzheitlichen Zeugen“ beschreibt, der in seinem letzten physischen Erschöpfungszustand und seiner psychischen Zerstörung angelangt ist, reduziert auf sein Skelett, und der nicht mehr denken oder sprechen kann. Er ist, so schreibt Levi, der eigentliche Zeuge, derjenige, der den Abgrund berührt hat und nicht überlebte, nicht berichten konnte, und dessen Sprachrohr die Überlebenden der Lager eigentlich sind: „Wir sprechen für sie, sind Delegierte.“[157] Levi wollte mit der Figur des „Muselmanns“ den prekären, subjektiven, inkompletten

152 Lanzmann, Claude: Hier ist kein Warum. Au sujet de *Shoah.* Le film de Claude Lanzmann. Paris 1999. S. 279.

153 Levi, Primo: Ist das ein Mensch? München, Wien 1991. S. 20.

154 LaCapra, Dominick: Lanzmann‘s Shoah: »Here There is No Why?«. In: History and Memory After Auschwitz. S. 100.

155 Levi, Primo: La ricerca delle radici. Opere II. Turin 1997. S. 1367.

156 Agamben, Giorgio: Was von Auschwitz bleibt. Das Archiv und der Zeuge. (Homo sacer III) Frankfurt/M. 2003. S. 8.

157 Levi, Primo: Ist das ein Mensch? München, Wien 1991. S. 104.

Charakter der Zeitzeugenberichte unterstreichen, derjenigen, die „das Ungeheuer Gorgo" nicht gesehen haben, anders ausgedrückt, diejenigen, die den Gaskammern entkamen.

Agamben transformiert den „Muselmann" zum Paradigma der nationalsozialistischen Lager. Im Schlusskapitel seines Werkes schreibt er, der unwiderlegbare Beweis für Auschwitz und die endgültige Zurückweisung des Negationismus bestehe genau in dieser Unmöglichkeit zu bezeugen. Agamben zufolge ist Auschwitz „das, von dem Zeugnis abzulegen nicht möglich ist"[158]. In seinen Augen, ist der Kern von Auschwitz nicht die Vernichtung, sondern die „Verwandlung" des Menschen in den „Muselmann", dieser hybriden Figur zwischen Leben und Tod.[159] Deshalb stilisiert er den Muselmann zur Ikone (und benutzt als Vorwand die Zurückhaltung Levis, als dieser die Grenzen seines Zeugnisses benannte). Aber diese Vision der nationalsozialistischen Lager als Ort der biopolitischen Herrschaft über die Häftlinge, die auf das „nackte Leben" reduziert wurden, entbehrt der historischen Grundlage. Agamben scheint zu vergessen, dass der Großteil der ermordeten Juden in den nationalsozialistischen Vernichtungslagern keine „Muselmänner" waren, weil sie nicht aus Kraftlosigkeit in die Gaskammern geschickt wurden, sondern direkt bei ihrer Ankunft im Lager.[160]

Agamben konnte eine so wichtige Tatsache negieren, weil sie in seinen Augen nicht zentral ist. Seine ganze Argumentation geht davon aus, dass der *Beweis* für Auschwitz nicht in der *Tatsache* der Vernichtung liegt, – eine Wahrheit, die in seinen Augen disqualifiziert wäre durch die Kluft, die das Ereignis von seinem Verstehen trennt –, und er sieht den Beweis dafür in der Unmöglichkeit, es zu bezeichnen, verkörpert durch den „Muselmann". Wenn Auschwitz existiert hat, dann nicht wegen der Gaskammern, sondern weil die Überlebenden dem „Muselmann" eine Stimme verliehen, dem „ganzheitlichen Zeugen", ihn aus seiner Stummheit befreiten.

Wieder wird Geschichte auf eine linguistische Konstruktion reduziert, wobei die Erinnerung – losgelöst von der Realität – das Raster bildet. Die Kritik am Negationismus auf eine solche sprachliche Metaphysik zu stützten (existentialistisch und strukturalistisch gleichermaßen[161]) ist ein zweifelhaftes Unterfangen, das riskiert, die „Aporie" Auschwitz aufrechtzuerhalten und

158 Agamben, Giogio: Was von Auschwitz bleibt. Das Archiv und der Zeuge. (Homo sacer III) Frankfurt/M. 2003. S. 143f.

159 Ebenda. S. 45.

160 Robin, Régine: La mémoire saturée. S. 250.

161 LaCapra, Dominick: Approaching Limit Events: Siting Agamben. In: History in Transit. Experience, Identity, Critical Theory. Ithaca 2004. S. 172.

dabei ihrer Wahrheit die materielle Basis zu entziehen. Man kann das Unbehagen verstehen, mit dem die Auschwitzüberlebenden, die realen Zeitzeugen, *Was von Auschwitz bleibt. Das Archiv und der Zeuge* aufgenommen haben. Philippe Mesnard und Claudine Kahn haben zu Recht auf diesen Aspekt des Problems verwiesen: „Dem zuhören, was die Überlebenden erzählen, wie sie es erzählen, wird im Buch von Agamben durch eine Bemerkung über die Stille ersetzt, die ihnen gewährt wird.

An Stelle der Überlebenden präsentiert Agamben den ‚Muselmann' als einzigen Zeugen, der Gnade vor seinen Augen findet, ein Wesen ohne Referenzen – von dem ausgehend Agamben seine eigenen Bezüge konstruieren kann –, aufgegeben von der Identität, in seiner Existenz reduziert auf den Raum, den es besetzt, auf die Sprache und sein fast durchsichtiges Bild."[162]

Wahrheit und Gerechtigkeit

Die Verbindung von Wahrheit und Gerechtigkeit ist Teil des komplexen Verhältnisses von Geschichte und Erinnerung. Diese Verbindung wird zusehends problematisch mit der aktuellen Entwicklung einer juristischen Lesart von Geschichte und einer „Vergesetzlichung der Erinnerung"[163]. Die Vision des 20. Jahrhunderts als Jahrhundert der Gewalt ist zentral für unser historisches Bewusstsein und führt häufig dazu, dass die Historiographie mit analytischen Kategorien aus dem Strafgesetzbuch arbeitet. Die Akteure der Geschichte werden immer häufiger auf die Rolle von Tätern, Opfern und Zeitzeugen zurückgeworfen.[164]

Die bekanntesten Beispiele für diese Entwicklung sind Daniel J. Goldhagen und Stéphane Courtois. Goldhagen interpretiert die Geschichte des modernen Deutschlands als einen Prozess, in dem eine Gemeinschaft von Mördern entsteht.[165] Courtois tauscht die Kleider des Historikers gegen die Robe des Staatsanwalts, und reduziert die Geschichte des Kommunismus auf

162 Mesnard, Philippe, und Claudine Kahn: Giorgio Agamben à l'épreuve d'Auschwitz. Paris 2001. S. 125.

163 Vgl. die Einleitung von Henry Rousso zu seinem Sammelband: Vichy. L'Évenement, la mémoire, l'histoire. Paris 2001. S. 43.

164 Hilberg, Raul: Täter, Opfer, Zuschauer. Frankfurt/M. 1992. Diese Tendenz hat Richard L. Evans hervorgehoben: History, Memory, and the Law. The Historian as Expert Witness. In: History and Theory 2002. Band 41. Nr. 3. S. 344.

165 Goldhagen, Daniel J.: Hitlers willige Vollstrecker. Ganz gewöhnliche Deutsche und der Holocaust. Berlin 1996.

ein kriminelles Unternehmen, für das er einen neuen Nürnberger Prozess fordert.[166]

Die Frage nach der Beziehung zwischen Gerechtigkeit und Geschichte ist nicht neu (man denke an die Intervention der bedeutendsten französischen Historiker während des Zola-Prozesses 1898[167]). Heute wird diese Beziehung neu hinterfragt, durch eine Reihe von Prozessen, bei denen zahlreiche Historiker als Zeugen geladen sind. Die Prozesse gegen Barbie, Touvier und Papon in Frankreich, gegen Priebke in Italien oder die Versuche, einen Prozess gegen Pinochet ins Rollen zu bringen, wären unverständlich, ohne die Aktualisierung einer kollektiven Erinnerung an den Faschismus, an die Diktaturen und die Shoah in diesen Ländern und weltweit. Diese Prozesse waren Momente der öffentlichen Erinnerung an Geschichte, in denen die Vergangenheit rekonstruiert und in einem Gerichtssaal verurteilt wurde. Während der Gerichtsverhandlungen wurden Historiker geladen, um in Zeugenaussagen über den historischen Kontext der Vorgänge dank ihrer beruflichen Fertigkeiten aufzuklären. Vor dem Gerichtshof erklärten sie, wie alle Zeugen: „Ich schwöre, die Wahrheit zu sagen und nichts als die Wahrheit."[168] Diese „Zeugenaussage" *sui generis* berührt selbstverständlich ethische Fragen, aber aktualisiert auch ältere erkenntnistheoretische Probleme. Sie stellt das Verhältnis der Gerechtigkeit zum kollektiven Gedächtnis eines Landes in Frage und damit das des Richters zum Historiker. Dabei gibt es jeweils unterschiedliche Modalitäten, mit Beweisen umzugehen und einen unterschiedlichen Status der Wahrheit, je nachdem, ob sie auf historischer Forschung basiert oder im Gerichtsurteil ausgesprochen wird. Henry Rousso, der sich sehr bemüht, die jeweiligen Bereiche Geschichte, Erinnerung und Gerechtigkeit zu unterscheiden, weigerte sich, im Papon-Prozess auszusagen, und begründete dies mit strengen und teilweise sehr aufschlussreichen Argumenten: „Die Justiz stellt sich die Frage, ob ein Individuum schuldig oder unschuldig ist; das nationale Gedächtnis entsteht aus der Spannung zwischen den erinnernswerten und zu

166 Courtois, Stéphane: Das Schwarzbuch des Kommunismus. Unterdrückung, Verbrechen und Terror. München, Zürich 1998.

167 Vgl. Jeanneney, Jean-Noël: Le passé dans le prétoire. L'historien, le juge et le journaliste. Paris 1998. S. 24, und Dumoulin, Olivier: Le rôle social de l'historien: de la chaire au prétoire. S. 163–176.

168 Vgl. Baruch, Marc Olivier: Procès Papon: impressions d'audience. In: Le débat. 1998. Nr. 102. S. 11–16. Zu diesem Thema: Dumoulin, Olivier: Le rôle social de l'historien: de la chaire au prétoire, und Frei, Norbert, Dirk van Laak und Michael Stolleis (Hrsg.): Geschichte vor Gericht. Historiker, Richter und die Suche nach Gerechtigkeit. München 2000.

gedenkenden Erinnerungen und denen, die vergessen werden, und damit das Überleben einer Gemeinschaft und ihre Projektion in die Zukunft erlauben. Geschichte ist ein Unternehmen der Erkenntnis und der Aufklärung. Diese drei Register können sich überlagern, und genau dies geschah bei den Prozessen wegen der Verbrechen gegen die Menschlichkeit. Aber sie waren von Anfang an überfordert: Sie konnten nicht auf gleicher Ebene der Gerichtsbarkeit, der Erinnerung und der Geschichte geführt werden."[169]

Diese Vermischung der Genres bestätigt einen alten Aphorismus von Schiller, den Hegel wiederaufnahm: *Die Weltgeschichte ist das Weltgericht.* Ein Aphorismus, der die Moral und den Gerechtigkeitsgedanken säkularisiert, indem er sie in die weltliche Zeitrechnung versetzt und den Historiker zu ihrem Wächter erklärt.[170] Man kann sich fragen, ob dieser Satz Nachhaltigkeit beanspruchen darf, angesichts von Prozessen, die weit davon entfernt sind, eine überholte, abgeschlossene Vergangenheit zu beurteilen oder nur von weitem zu betrachten, bei denen es sich gerade um Augenblicke einer Vergangenheit handelt, „die nicht vergeht". Doch haben sie für die zivilrechtlichen Kläger die Züge einer wiedergutmachenden Nemesis der Geschichte angenommen. Wir müssen Hegels Wort ein anderes entgegensetzen: Der Historiker ist kein Richter, seine Aufgabe besteht nicht darin zu urteilen, sondern zu verstehen. In seiner *Apologie der Geschichtswissenschaft* formuliert Marc Bloch eine klassische Definition: „Der Wissenschaftler hat seine Aufgabe erfüllt, sobald er beobachtet und erklärt hat. Dem Richter bleibt noch ein Urteil zu fällen. Sofern er dies dem Gesetz entsprechend tut und dabei von seinen persönlichen Neigungen absieht, wird er sich für unparteiisch halten. Und er wird es auch sein – aber nur im Sinne der Richter, nicht in dem der Wissenschaftler. Denn es ist unmöglich, jemanden zu verurteilen oder freizusprechen, ohne Partei für ein bestimmtes Wertesystem zu ergreifen, dem ja keine positive Wissenschaft zugrunde liegt."[171] Aber man muss auch daran erinnern, dass Bloch in *Die seltsame Niederlage: Frankreich 1940. Der Historiker als Zeuge* sehr

169 Rousso, Henry: La hantise du passé. Paris 1998. S. 97. Vgl. auch Conan, Éric, und Henry Rousso: Vichy, un passé qui ne passé pas. Paris 1996. S. 235–255.

170 Schiller, Friedrich: Resignation. In: Werke und Briefe. Frankfurt/M. 1992. Band 1. S. 420. Vgl. Koselleck, Reinhart: Historia Magistra Vitae. Über die Auflösung des Topos im Horizont neuzeitlich bewegter Geschichte. In: Vergangene Zukunft. Zur Semantik geschichtlicher Zeiten. Frankfurt/M. 1989. S. 38–66. Für eine Aktualisierung der Fragestellung vgl. Daniel Bensaïd: Qui est le juge? Pour en finir avec le tribunal de l'Histoire. Paris 1999.

171 Bloch, Marc: Apologie der Geschichtswissenschaft oder Der Beruf des Historikers. Stuttgart 2002. S. 156. Carr, Edward H.: Geschichte, Objektivität und Parteinahme in der Geschichtsschreibung. Reinbek 1979. 1. Kapitel.

wohl urteilt und die überholte (oder illusorische) Vision einer „grundsätzlich neutralen" Historiographie fordert. Denn eigentlich enthält jede historische Arbeit auch indirekt ein Urteil über die Vergangenheit. Es wäre falsch, den Hegel'schen Aphorismus über die Geschichte als „Weltgericht" arrogant zu finden. Pierre Vidal-Naquet erinnert in seinen Memoiren an den Eindruck, den der Absatz über den Historiker in Chateaubriands *Erinnerungen* bei ihm hinterließ: „Wenn man im Schweigen der Erniedrigung nur mehr die Kette der Sklaven und die Stimme des Herrn vernimmt, wenn alles vor dem Tyrannen zittert und wenn es ebenso gefährlich ist, seine Gunst zu erlangen, wie seine Ungnade heraufzubeschwören, tritt der Historiker hervor, beauftragt, die Völker zu rächen."[172]

Der hellsichtigste Beitrag zu dieser verzwickten Frage bleibt der von Carlo Ginzburg anlässlich des Prozesses von Sofri. Der Historiker, unterstreicht Ginzburg, dürfe sich nicht als Richter aufspielen, er könne keine Urteile sprechen. Nur totalitäre Regime, wo Historiker auf Ideologen und Propagandisten reduziert werden, besäßen eine offizielle Wahrheit. Die Historiographie sei niemals festgelegt, denn mit jeder Epoche modifiziere sich unser Blick auf die Vergangenheit, – hinterfrage mit neuen Fragestellungen, befrage mit Hilfe unterschiedlicher analytischer Kategorien. Der Historiker und der Richter hätten dennoch das gleiche Ziel: die Suche nach der *Wahrheit*, und diese Wahrheitssuche benötige *Beweise*. Die Wahrheit und der Beweis, seien die beiden Begriffe, die sich im Zentrum der Arbeit des Richters wie des Historikers fänden. Die Geschichtsschreibung, fügt Ginzburg hinzu, impliziere noch ein argumentatives Procedere, eine Auswahl von Fakten und eine Organisation des Berichts, dessen Paradigma die juristische Rhetorik darstelle. Die Rhetorik ist „eine an den Gerichten entstandene Kunst der Überzeugung"[173]; an den Gerichten, vor einem Publikum kodifizierte man die Rekonstruktion einer Tatsache mit Wörtern. Dies ist nicht zu vernachlässigen, aber die Affinität hört damit auf. Die Wahrheit der Justiz ist normativ, definitiv und festgelegt. Sie zielt nicht darauf ab zu verstehen, sondern Verantwortlichkeiten zuzuordnen, Unschuldige freizusprechen und Schuldige zu verurteilen. Verglichen mit der juristischen Wahrheit, ist die des Historikers nicht nur provisorisch und prekär, sie ist auch problematischer. Da sie aus einer intellektuellen Handlung hervorgeht, ist die Geschichte analytisch und reflexiv, versucht sie

172 Chateaubriand, François-René: Erinnerungen. Mémoires d'outre-tombe. München 1968. S. 286. Zitiert in: Vidal-Naquet, Pierre: Mémoires I. S. 113f.

173 Ginzburg, Carlo: Der Richter und der Historiker. Überlegungen zum Fall Sofri. Berlin 1991. S. 26.

verborgene Strukturen der Ereignisse ans Licht zu bringen, die sozialen Beziehungen darzustellen, in die Menschen verwickelt sind, und die Motive ihrer Handlungen.[174] Sie beschränkt sich nicht darauf, die Fakten zu etablieren, sondern versucht auch sie in ihren Kontext zu stellen, sie zu erklären, indem sie Hypothesen formuliert und die Gründe sucht. Wenn der Historiker ein „Einstufungsparadigma"[175] akzeptiert, um noch eine Definition von Ginzburg aufzugreifen, besitzt seine Interpretation nicht die unersetzbare, messbare und unverrückbare Rationalität von Sherlock Holmes.

Dieselben Fakten führen zu unterschiedlichen Wahrheiten. Da, wo die Justiz ihre Mission erfüllt, den Täter eines Verbrechens bezichtigt und ihn verurteilt, beginnt die Geschichte ihre Untersuchungs- und Interpretationsarbeit. Sie versucht zu erklären, warum er kriminell geworden ist, welches Verhältnis er zum Opfer hatte, in welchem Kontext er agierte, welche Haltung die Zeugen zeigten, die dem Verbrechen beigewohnt haben, wie die reagiert haben, die es nicht verhindern konnten, die es toleriert oder gut gefunden haben. Solche Überlegungen können die Entscheidung der Historiker bestärken, die nicht gewillt waren, im Papon-Prozess als Zeugen aufzutreten.

Ihre Entscheidung ist zulässig, genau wie die Gründe derjenigen, die der Einladung der Richter gefolgt sind. Sie haben es getan, um sich ihrer Aufgabe als Citoyens nicht zu entziehen, einer staatsbürgerlichen Aufgabe, die in ihren Augen ihr Beruf ihnen nahelegte. Einerseits hat ihr „Zeugnis" dazu beigetragen, die Genres durcheinander zu bringen, dem Gerichtsurteil den Status einer offiziellen historischen Wahrheit zu verleihen, und den Gerichtssaal in ein „Geschichtstribunal" zu verwandeln. Andererseits konnte ihre Aussage einen Kontext beleuchten und an Fakten erinnern, die sonst nicht erwähnt worden wären, weder im Prozess noch in der öffentlichen Debatte, die den Prozess begleitete.

„Geschichte moralisieren"[176]: diese von Jean Améry formulierte Forderung in seinen düsteren Meditationen über die nationalsozialistische Vergangenheit, bildet die Grundlage der in diesem Kapitel angesprochenen Prozesse. Die Opfer und ihre Nachfahren haben sie erlebt als symbolische Wiedergutmachungshandlungen. Anderswo kämpfen sie dafür, dass solche Prozesse stattfinden, wie heute die Überlebenden der Diktatur in Chile und ihre Nach-

174 Dies brachte Georges Duby (L'Histoire continue. Paris 1991. S. 78.) etwas vorschnell dazu, zu schreiben, der »Begriff der historischen Wahrheit hat sich verändert (...), weil die Geschichte sich nun weniger für die Fakten als für die Beziehungen interessiert«.

175 Ginzburg, Carlo: Spie, radici di un paradigma indiziario. In: Miti, emblemi, spie. Morfologia e storia. Turin 1986. S. 158–209.

176 Améry, Jean: Jenseits von Schuld und Sühne. Stuttgart 1977.

kommen. Es geht nicht darum, Gerechtigkeit und Geschichte gleichzusetzen, aber häufig bedeutet Gerechtigkeit widerfahren zu lassen, auch der Erinnerung gegenüber gerecht zu sein. Die Gerichtsbarkeit war, im Lauf des 20. Jahrhunderts – mindestens seit den Nürnberger Prozessen, wenn nicht seit der Dreyfus-Affäre – ein bedeutendes Moment in der Herausbildung eines kollektiven historischen Bewusstseins. Die Verkettung von Geschichte, Erinnerung und Justiz ist das Zentrum des öffentlichen Lebens. Der Historiker kann die notwendigen Unterschiede herausarbeiten, aber er kann diese Verkettung nicht verneinen. Er muss ihr gerecht werden, mit den Widersprüchen, die sich daraus ergeben. Charles Péguy hatte ein Gefühl dafür, als er während der Dreyfus-Affäre schrieb, dass „der Historiker keine juristischen Urteile ausspricht; man könnte fast sagen, dass er nicht mal historische Urteile fällt; er arbeitet ständig an historischen Urteilen und ist fortwährend damit beschäftigt".[177] Man könnte darin ein relativistisches Eingeständnis erkennen, doch handelt es sich um die Anerkennung des instabilen und provisorischen Charakters der historischen Wahrheit, die, über die Feststellung von Tatsachen hinaus, ihren Anteil am Urteil enthält, der unlösbar mit einer Interpretation der Vergangenheit als offenem Problem verbunden ist und der die Vergangenheit nicht als geschlossenes und endgültig archiviertes Inventar begreift.

177 Péguy, Charles: Le jugement historique. Zitiert in: Hartog, F., und J. Revel (Hrsg.): Usages politiques du passé. S. 84.

IV. Kapitel: Politischer Gebrauch der Vergangenheit

Die Erinnerung an die Shoah als Alltagsreligion

Gibt es einen kritischen Gebrauch der Erinnerung? Die Gedenkfeier zum sechzigsten Jahrestag der Befreiung von Auschwitz bieten uns diesbezüglich genug Stoff zum Nachdenken. Bereits das Ausmaß dieser Gedenkfeier, an denen mehr als zehn Regierungschefs teilnahmen, ist beachtenswert. Dieses Ausmaß verweist auf den Stellenwert, den der Genozid an den Juden in der Erinnerungslandschaft zu Beginn des 21. Jahrhunderts einnimmt, seine Integration in unser historisches Bewusstsein. Die Unterschiede zu der Gedenkfeier zum fünfzigsten Jahrestag der Befreiung sind ebenfalls aufschlussreich. Diese war viel bescheidener und von der Angst vor dem Vergessen gezeichnet. Kurz nach der Vereinigung Deutschlands gab es legitime Zweifel am Stellenwert, den die Erinnerung an die nationalsozialistischen Verbrechen einnehmen werden in einem wieder „normal" gewordenen und von seinen Gespenstern befreiten Land, wie manche es ausdrückten. Man befürchtete, dass das Ende der Teilung – und damit einer ständigen Erinnerung an die Vergangenheit und den Nationalsozialismus, wie Günter Grass es sagte – Vorwand für eine neue Verdrängung liefern könnte. Heute kann man feststellen, dass diese Verdrängung nicht stattgefunden hat, sondern dass die Erinnerung an den Nationalsozialismus in Deutschland und im Rest der westlichen Welt lebendig geblieben ist, wenn auch nicht ohne Konflikte. Die Angst vor dem Vergessen ist verschwunden. Einige Kommentatoren fürchten eher negative Auswirkungen einer „übertriebenen Erinnerung". Kurz, die Gefahr besteht nicht darin, die Shoah zu vergessen, sondern die Erinnerung an sie zu missbrauchen, sie einzubalsamieren, in Museen einzusperren und ihr kritisches Potential zu neutralisieren, oder, schlimmer noch, sie apologetisch als Stütze der aktuellen Weltordnung zu benutzen.

Ich war sicher nicht der Einzige, der sich unbehaglich fühlte beim Betrachten der Bilder von Dick Cheney, Tony Blair und Silvio Berlusconi in Auschwitz. Ihre Gegenwart vermittelt uns eine scheinbar beruhigende Nachricht, die in Wahrheit jedoch apologetisch ist. Sie besteht darin, den Nationalsozialismus als eine *negative* Legitimation des liberalen Westens zu sehen, der besten aller Welten. Der Holocaust bildet so eine Art säkularer Theodizee, die dem absolut Bösen gedenkt, um uns zu überzeugen, dass unser System das absolut Gute darstellt. In den Tagen danach erklärte ein französischer Politologe in einer beliebten Nachrichtensendung am Sonntagmorgen mehrfach, dass „Auschwitz nicht Guantanamo" sei.

Auschwitz ist nicht Guantanamo: Dieses Insistieren auf einer offenkundigen Tatsache lässt eine Frage aufkommen. Man hat den Eindruck, dass für einige die Gedenkfeier für die Befreiung von Auschwitz eine gute Gelegenheit darstellt, um zu zeigen, dass Guantanamo eigentlich gar nicht so schlimm sei. Es geht nicht darum, Auschwitz und Guantanamo gleichzusetzen, sondern eher darum, sich zu fragen, ob wir nach Auschwitz Guantanamo und Abu Ghraib tolerieren können und ob es nicht anstößig ist, dass die Verantwortlichen für Guantanamo und Abu Ghraib bei einer Zeremonie für die Opfer des Nationalsozialismus dabei sind. Nicht zuletzt Putin, der Tschetschenenschlächter, dem es in seiner Rede in Auschwitz gelang, kein einziges Mal das Wort „Juden“ auszusprechen.

Vor zehn Jahren, während des Jugoslawienkriegs, stellte sich ein ähnliches Problem. Denen, die der Vergleich zwischen Milošević und Hitler schockierte, entgegnete Marek Edelman, einer der letzten Überlebenden des Aufstands im Warschauer Ghetto, dass Srebrenica in seinen Augen „ein nachträglicher Sieg Hitlers“[178] sei.

Es wäre zweifellos fruchtbarer, die Gedenkfeier zum sechzigsten Jahrestag der Befreiung von Auschwitz als Ausgangspunkt einer kritischen Reflexion über die Gegenwart zu nutzen und zu versuchen, auf die Fragestellungen zu antworten, die die Erinnerung an die nationalsozialistischen Lager hinsichtlich unserer Gesellschaften aufwerfen. Dieser Aufgabe kamen bereits direkt nach dem Krieg die Leitfiguren der Frankfurter Schule, Adorno und Horkheimer, nach. Gegen den Mainstream, der den Nationalsozialismus als einen Sturz der Zivilisation in die Barbarei interpretierte, sahen Adorno und Horkheimer im Nationalsozialismus die Zuspitzung einer negativen Dialektik, welche die Vernunft von einem emanzipatorischen Instrument in ein Herrschaftsinstrument verwandelte und den technischen und industriellen Fortschritt in einen menschlichen und sozialen Rückschritt. Adorno definierte den Holocaust als Ausdruck einer im Zivilisationsprozess selbst angelegten Barbarei.[179] Gegen die beruhigende Tendenz, den Nationalsozialismus als *negative* Legitimation des liberalen Westens zu betrachten, formulierten die beiden Philosophen eine strenge Warnung. Der Totalitarismus entsteht aus der Zivilisation, er ist ihr Kind. Diese Zivilisation bleibt die unsrige, und wir leben immer noch in einer Welt, in der Auschwitz möglich ist, obgleich diese Gewalt andere Formen annehmen oder andere Opfer treffen könnte.

178 Interview mit Marek Edelman von Pol Mathil in: Le Soir. 19. April 2003.

179 Adorno, Theodor W.: Erziehung nach Auschwitz. In: Stichworte. Kritische Modelle 2. Frankfurt/M. 1969. S. 85.

Man kann Habermas verstehen, wenn er schreibt, dass „nach und durch Auschwitz" Deutschland in den Westen integriert worden sei. Unter dem Einfluss des Genozids an den Juden fingen die Deutschen an mit ihrer traditionellen Selbstwahrnehmung als ethnische Gemeinschaft (basierend auf dem Blutrecht) zu brechen, und es begann sich ein Selbstverständnis als politische Gemeinschaft abzuzeichnen, als eine Nation von Citoyens. Darin besteht eine der fruchtbaren Konsequenzen der Erinnerung an den Holocaust. Doch lässt sich die westliche Welt nicht auf den Rechtsstaat und die liberale Demokratie reduzieren. Der Nationalsozialismus schreibt sich nicht nur als extremer Ausdruck der Gegenaufklärung in die Geschichte der westlichen Welt ein. Seine Ideologie und Gewalttätigkeit verdichten mehrere Tendenzen, die seit dem 19. Jahrhundert in Europa am Werk sind: den Kolonialismus, den Rassismus und den modernen Antisemitismus. Der Nationalsozialismus ist ein Kind der westlichen Welt. Das liberale Europa des 19. Jahrhunderts ist sein Brutkasten.

Das Problem ist das Verhältnis der Shoah zum Zivilisationsprozess. Der Holocaust setzte das staatliche Gewaltmonopol voraus, das Norbert Elias und Max Weber im Schatten von Hobbes als notwendig zur Befriedung einer Gesellschaft und deshalb als eine Errungenschaft des Zivilisationsprozesses betrachteten. Der Genozid benötigte für seine Umsetzung konstitutive Strukturen der modernen Zivilisation: Technik, Industrie, Arbeitsteilung, bürokratisch-rationelle Verwaltung. Die industrielle Technik ermöglichte den seriellen Mord. Die Formulierung, dass Auschwitz wie eine Todesfabrik funktionierte, bedeutet nicht, dass jede Fabrik ein potentielles Vernichtungslager ist, sondern wirft die Frage nach der Normalität unserer modernen Gesellschaften auf und ihrer Vereinbarkeit mit totalitärer Gewalt, die weit davon entfernt ist, diese Normalität abzuschaffen, sondern sie voraussetzt und benutzt. Der Soziologe Zygmunt Bauman schreibt, dass „der Holocaust den Geist der Moderne nicht verrät" und dass „die günstigen Bedingungen für die Verwirklichung des Genozids speziell sind, aber nicht außergewöhnlich. Selten, aber nicht einzigartig (...). Was die Moderne angeht, so ist der Genozid weder eine Anomalie noch eine Funktionsstörung."[180]

An das Verhältnis von Auschwitz zur westlichen Moderne zu denken kann dazu führen, unser „Alltägliches" in Frage zu stellen. Die Lager oder Abschiebegefängnisse, in denen illegale Flüchtlinge und Asylbewerber festgehalten werden – ihre Zahl ist in den letzten Jahren in Europa gestiegen –, sind nicht mit den nationalsozialistischen Lagern gleichzusetzen. Doch besitzen die La-

180 Bauman, Zygmunt: Modernity and the Holocaust. Cambridge 1989. S. 114.

ger, inmitten unserer demokratischen Gesellschaften, einige Grundzüge, die auch das Paradigma des Konzentrationslagers definieren: „das Lager ist der Raum, der sich öffnet, wenn der Ausnahmezustand zur Regel zu werden beginnt“[181]. Die Lager sind ungewöhnliche Räume, in denen alles möglich ist, nicht weil sie als Orte der Vernichtung konzipiert wurden, sondern weil es sich um *rechtlose Räume* handelt. Die internierten Menschen sind „Parias“ nach Hannah Arendts Definition: Gesetzlose, nicht weil sie das Gesetz übertreten hätten, sondern weil es kein Gesetz gibt, das sie anerkennen und beschützen könnte. Individuen, Staatenlose, die in den Augen der Völkergemeinschaft „überflüssig“ seien, fügt sie hinzu. Das zuständige UNO-Kommissariat (UNHCR) zählt fünfzig Millionen Flüchtlinge in der Welt von heute. Mehrere zehntausend sind jedes Jahr in den Ländern der Europäischen Union interniert, unsichtbar wie die „metaphorisch Immateriellen“[182]. Es gibt einen Absatz in *Elemente und Ursprünge totalitärer Herrschaft*, den wir heute nicht lesen können, ohne an seine Aktualität zu denken: „Die Nazis haben mit der ihnen eigenen Gründlichkeit im Falle der Juden einen solchen langwierigen Prozess der Präparierung für die Ausrottung von Menschen aller Welt vordemonstriert; er begann mit der Erklärung, dass Juden Staatsbürger zweiter Klasse sind, ging über den Entzug der Staatsbürgerschaft auf dem Wege der Deportation in die Ghettos und Konzentrationslager, von wo sie nochmals nun bereits als absolut Rechtlose, aller Welt öffentlich angeboten wurden, um zu sehen, ob sich einer fände, der sie reklamiere; erst als ihre ‚Überflüssigkeit‘ oder Standlosigkeit in der gesamtem Menschenwelt als erwiesen gelten konnte, ging man dazu über, sie auszurotten. Mit anderen Worten, das Recht auf Leben wird erst in Frage gestellt, wenn die absolute Rechtlosigkeit – und das heißt, dass niemand sich bereit findet, Rechte für diese bestimmte Kategorie von Menschen zu reklamieren – eine vollendete Tatsache ist.“[183]

Aber es gibt auch eine *andere* Erinnerung an Auschwitz. Zu einer Zeit, als der Genozid an den Juden im offiziellen Diskurs nicht vorkam, nährte die Erinnerung an ihn eine Reflexion und ein Engagement, die alles andere als konformistisch waren. In Frankreich war die Erinnerung an Auschwitz und Buchenwald ein wichtiger Hebel für die Mobilisierung gegen den Algerienkrieg. Das koloniale Frankreich, das unterdrückte, folterte und tötete, rief

181 Agamben, Giorgio. In: Mittel ohne Zweck. Noten zur Politik. Freiburg, Berlin 2001. S. 44.

182 Sossi, Federica: Témoigner de l‘invisible. In: Coquio, Catherine (Hrsg.): L'Histoire trouée. Négation et témoignage. Nantes 2003. S. 398.

183 Arendt, Hannah: Elemente und Ursprünge totalitärer Herrschaft. München, Zürich 1991. S. 461.

Erinnerungen bei all denjenigen hervor, die einige Jahre zuvor gegen die deutsche Besatzung gekämpft hatten. Alain Resnais drehte 1955 *Nacht und Nebel* als Mahnung der Geschichte. Während des Prozesses gegen Francis Jeanson 1960 – der beschuldigt wurde, in Frankreich ein Netzwerk zur Unterstützung der FLN aufgebaut zu haben – trat Pierre Vidal-Naquet als Zeuge auf und setzte die Morde der französischen Armee in Algerien mit den Gaskammern von Auschwitz gleich, wo seine Eltern umgekommen waren. Die Gleichsetzung ist natürlich übertrieben, wie er in seinen Memoiren selbst einräumte.[184] Heute würden derartige Äußerungen die Wut der „Gralshüter" der Erinnerung an den Holocaust hervorrufen.

Vidal-Naquets Bemerkungen verweisen auf eine politische Erinnerungslandschaft, die sich sehr von der heutigen unterscheidet. Sie zeigen auch die Grenzen der Geschichtsschreibung (im traditionellen Sinn) in einer Zeit, als die Unterscheidung zwischen Konzentrations- und Vernichtungslager alles andere als klar war. Sie zeigen auch die Wirkung einer noch sehr frischen Erinnerung, lebendig, heiß, ein starker Ansporn, sich gegen die Ungerechtigkeit und Unterdrückung aufzulehnen. Dies ist die Erinnerung, die einige Unterzeichner des „Manifestes der 121" in ihrem Widerstand gegen den Algerienkrieg beeinflusst hat und die auch in Gerichtsverfahren der Zeit erwähnt wird. Für den holländischen Trotzkisten Sal Santen, geflohen aus einem nationalsozialistischen Lager und 1960 wegen Beteiligung am Aufbau einer illegalen Waffenfabrik für die FLN verurteilt, war es klar, dass das antikolonialistische Engagement den Antifaschismus fortsetzt. Die Gleichsetzung von nationalsozialistischen Verbrechen und kolonialer Gewalt durchzieht die Schriften von Frantz Fanon und sogar die Erklärungen des Russell-Tribunals zum Vietnamkrieg.

Ohne die versteckte, aber wirksame Erinnerung an Auschwitz lässt sich der Antifaschismus der Studentenbewegung und der revolutionären Linken nach 1968 nicht erklären. Dieses Substrat des kollektiven Gedächtnisses – damals wurde Auschwitz in der Öffentlichkeit kaum erwähnt – kam zuweilen plötzlich an die Oberfläche, wie bei der Ausweisung von Daniel Cohn-Bendit durch General de Gaulle, als Zehntausende von Jugendlichen riefen: „Wir sind alle deutsche Juden." Diese Losung besaß eine befreiende Kraft, deren Gehalt heute schwer nachzuvollziehen ist.

Nach dem Schweigen in der Adenauer-Ära war die Erinnerung an Auschwitz in Deutschland ab den Sechzigerjahren Motor des studentischen Protestes. Eine neue Generation zog die ältere Generation zur Rechenschaft, stell-

184 Vidal-Naquet, Pierre: Mémoires II. Le Trouble et la lumière. Paris 1998. S. 107.

te die deutsche Vergangenheit in Frage und kritisierte die Kontinuitätslinien, die das Deutschland von Bonn mit dem Dritten Reich verbanden.

Es geht nicht darum, diese Revolte zu idealisieren oder ihre Grenzen und Zweideutigkeiten zu verschweigen. Manche Kritiker verwiesen auf Überbleibsel eines Nationalismus mit antisemitischen Zügen, die in der Virulenz des Antizionismus, des Antiimperialismus und des Antiamerikanismus der außerparlamentarischen Linken schlummerten.[185] Und doch sollte man bedenken, dass diese Revolte der Ausgangspunkt war für den Streit der folgenden Jahrzehnte über die „Vergangenheit, die nicht vergehen will", und für die Herausbildung eines historischen Bewusstseins, in dessen Zentrum die Erinnerung an die nationalsozialistischen Verbrechen steht.

Diese Erinnerung findet eine beachtliche literarische Illustration in Georges Perecc *W oder die Kindheitserinnerung*[186] (1975). Der Roman hat zwei Erzählebenen, einmal die Erinnerung und zum anderen eine aktuelle politische Fiktion: einerseits die Erinnerung des Waisenkinds, Sohn polnischer Juden, die nach Frankreich immigriert waren, dann deportiert und in Auschwitz ermordet werden; andererseits die Chronik einer totalitären Gesellschaft, *W*, in Lateinamerika, die auf dem Prinzip des sportlichen Wettbewerbs beruht und in einem Massaker endet. Dieser Roman schließt mit folgenden Worten: „Ich habe die Gründe vergessen, weshalb ich mit zwölf Jahren das Feuerland ausgesucht habe, um dort W anzusiedeln: Pinochets Faschisten haben es auf sich genommen, meiner Wahnvorstellung einen letzten Nachhall zu verleihen: mehrere Inseln des Feuerlandes sind heute Zwangslager."[187]

Doch gibt es auch jüngere Beispiele für einen angemessenen Umgang mit der Erinnerung an den Holocaust. So veröffentlichte z. B. der Afrikanist Jean-Pierre Chrétien im April 1994 einen Artikel in der Tageszeitung *Libération*, in dem er die Verbrechen eines „tropischen Nationalsozialismus" in Ruanda verurteilt.[188] Von einem analytischen Standpunkt aus erscheint dieses Konzept nicht sehr überzeugend, weil es zwei Genozide zusammenbringt, den Genozid an den Tutsis und den Genozid an den Juden, die sich in ihren jeweiligen Kontexten sehr voneinander unterscheiden: durch die politischen Regime, die sie planten, und durch die Mittel, mit denen sie umgesetzt wurden. Doch was den öffentlichen Gebrauch von Geschichte betrifft, ist dieses Konzept sehr wirksam. Im April 1994, als die öffentliche Meinung unwissend und

185 Vgl. Diner, Dan: Verkehrte Welten. Frankfurt/M. 1993.
186 Erschien 1982 auf Deutsch.
187 Perec, Georges: W oder die Kindheitserinnerung. Frankfurt/M. 1982. S. 198.
188 Chrétien, Jean-Pierre: Un nazisme tropical. In: Libération. 26. April 1994.

indifferent gegenüber den Massakern war, die von den Medien oft als „Stammesfehden" verharmlost wurden, hatte es einen Sinn, vom „tropischen Nationalsozialismus" zu sprechen. Damit stützte man sich auf das historische Bewusstsein der westlichen Welt, in dem die Shoah heute einen zentralen Platz einnimmt, um die Aufmerksamkeit auf einen aktuellen Genozid zu lenken. Es ging darum zu zeigen, dass sich in Ruanda gerade eine Tragödie abspielte, die so schlimm war wie die Shoah, und dass reagiert werden musste. Von einem ethisch-politischen Standpunkt aus war der Begriff des „tropischen Nationalsozialismus" völlig gerechtfertigt. Unglücklicherweise ist es einfacher, der Genozide zu gedenken, vor allem mit der Distanz von Jahrzehnten, als sie zu verhindern.

Das Verschwinden der Erinnerung an den Kommunismus

In seinem Buch *Ein Höllensturz der Alten Welt. Zur Selbsterforschung der Moderne nach dem Jahr 1848* zeigt Dolf Oehler, wie stark die Kultur des zweiten französischen Kaiserreichs von der Erinnerung an den Juni 1848 geprägt war. Eine Gesellschaft, die mit allen Mitteln versuchte die Erinnerung an diese Revolte, die nicht erwähnt werden durfte, zu exorzieren.[189] Heute geschieht etwas Ähnliches. Sogar der Gedanke an eine Revolution wird kriminalisiert, automatisch in die Kategorie „Kommunismus" einsortiert und damit im Kapitel „Totalitarismus" in der Geschichte des 20. Jahrhunderts vergraben. Er wird dem Terror zugeordnet, und der Terror wird auf die kohärente Entfaltung einer kriminellen Ideologie verkürzt.[190]

Kapitalismus und Liberalismus scheinen erneut zum Schicksal der Menschheit geworden zu sein, wie es Adam Smith in der Zeit der industriellen Revolution und Tocqueville nach der Restauration beschrieben haben. Diese Diagnose zeigt keine neue Ordnung, die es aufzubauen gilt, auch wenn man ihre Züge noch kaum erkennt, sondern ein soziales und politisches System, das als einzig mögliche Antwort auf den Horror des 20. Jahrhunderts erscheint. Der Kontrast zu der Erinnerungslandschaft des vergangenen Jahrhunderts ist auffällig. In den düstersten Momenten des „Zeitalters des Extreme", als die Alte Welt durch einen zerstörerischen Krieg erschüttert wurde, der an ein

189 Oehler, Dolf: Ein Höllensturz der Alten Welt. Zur Selbsterforschung der Moderne nach dem Juni 1848. Frankfurt/M. 1997.

190 Vgl. Wahnich, Sophie: La Liberté ou la mort. Essai sur la Terreur et le terrorisme. Paris 2003.

Gemälde von Hieronymus Bosch erinnert, als das Gefühl um sich griff, dass die Menschheit vor dem Abgrund steht und die Zivilisation endgültig untergeht, erschien der Kommunismus in den Augen von Millionen von Männern und Frauen als eine Alternative, für die es sich zu kämpfen lohne. In der kommunistischen Idee gab es gewiss illusionäre Elemente, Mystifikationen und Blindheit, von denen nur eine Minderheit seiner Vertreter wusste. Der Kommunismus war jedoch stark in der Gesellschaft verankert, in der Kultur und der Hoffnung der unteren Klassen.

„Kommunismus" war ein Wort mit vielen Bedeutungen. Es bedeutete, sein Schicksal in die Hand zu nehmen, sich zu emanzipieren, gegen den Faschismus zu kämpfen, gegen Ungerechtigkeit, gegen Unterdrückung, eine Gesellschaft von Gleichen aufzubauen. Der Kommunismus zeigte aber auch düstere Momente: den „befreienden" Vorstoß der Roten Armee, Disziplin, die Partei, die immer Recht hat, den Personenkult um Stalin. Befreiende Hoffnung, machiavellische Berechnung und totalitäre Bedrohungen berührten sich in einer historischen Dialektik, die im „Zeitalter der Extreme" ihren Höhepunkt erlebte.

In Frankreich und einigen anderen westlichen Ländern ist die Erinnerung an den Kommunismus zunächst die an eine „Gegengesellschaft"[191] – Kaserne, Kirche und Solidargemeinschaft in einem –, die es heute nicht mehr gibt. Obwohl die Schatten und Widersprüche, welche einst die Idee des Kommunismus hervorriefen, bis heute sichtbar sind und obwohl seine Illusionen zerstört wurden, muss man erkennen, dass sein Horizont der Hoffnung ebenfalls verschwunden ist. Die radikalsten Massenbewegungen von heute trauen sich weder, sich auf ihn zu berufen, noch, ihn zu fordern. Die mexikanischen Zapatisten reden nicht vom Kommunismus, sondern von Würde und Gerechtigkeit. Die Kräfte, die sich in den letzten Jahren gegen die neoliberale Globalisierung von Seattle bis Genua mobilisiert haben, besitzen klare Vorstellungen von dem, was sie nicht wollen – eine verdinglichte und zur Ware transformierte Welt –, aber sie trauen sich nicht, ein alternatives Gesellschaftsmodell vorzuschlagen. Die Studenten auf dem Pekinger Tian'anmen-Platz reklamierten 1989 nicht einen „Sozialismus mit menschlichem Antlitz" wie die Studenten in Prag 1968, sondern Freiheit und Demokratie. In den osteuropäischen Ländern gibt es viele, die für einen authentischen Sozialismus kämpften und heute nicht nur für die Rückkehr zur Demokratie verantwort-

191 Vgl. Lavabre, Marie-Claire: Le fil rouge. Sociologie de la mémoire communiste. Paris 1994. Das Konzept der «Gegengesellschaft» stammt von Annie Kriegel: Communismes au miroir français. Paris 1974. S. 183.

lich sind, sondern auch für die kapitalistische Restauration. Die Erinnerung an die Todeslager der Nazis als zentrales Ereignis des 20. Jahrhunderts ist Teil des historischen Bewusstseins der westlichen Welt seit Ende der Siebzigerjahre und hat sich nach dem Fall der Berliner Mauer und der Auflösung des sowjetischen Imperiums mit der Erinnerung an den „real existierenden Sozialismus" verbunden. Die beiden Erinnerungen sind untrennbar geworden wie die Ikonen eines definitiv überwundenen „Zeitalters der Tyrannen"[192]. Die Aufarbeitung der Erinnerung an die faschistische und nationalsozialistische Vergangenheit, die vor einigen Jahrzehnten in mehreren europäischen Ländern begann, prallte mit dem Ende des Kommunismus zusammen. Das historische Bewusstsein über den mörderischen Charakter des Nationalsozialismus diente als Parameter, um das kriminelle Ausmaß des Kommunismus zu messen, der rundherum abgelehnt wurde – die Systeme, die Bewegungen, die Ideologien, die Häretiker und Utopien eingeschlossen – als eine der Fratzen eines barbarischen Jahrhunderts. Der Begriff des Totalitarismus, weiland in die hintersten Regale der Bibliotheken des kalten Kriegs verbannt, erlebte eine spektakuläre Wiederauferstehung als Methode, um die Rätsel eines Zeitalters der Kriege, Diktaturen, Zerstörungen und Massaker zu entschlüsseln.[193]

Nachdem das totalitäre janusköpfige Monster geköpft war, erfuhr der Westen eine zweite Jugend, fast eine neue Jungfräulichkeit. Wenn Nationalsozialismus und Kommunismus im Grund ihres Wesens Feinde des Westens sind, so ist letzterer nicht mehr die Wiege, sondern das Opfer und der Liberalismus der Ausweg. Diese These existiert in primitiven und in seriösen Varianten. Die primitive Variante vertritt der amerikanische Staatsphilosoph Francis Fukuyama, für den die liberale Demokratie im Hegel'schen Sinn „das Ende der Geschichte" bedeutet. Fukuyama kann sich also keine Welt vorstellen, die besser ist als die gegenwärtige.[194] Die intelligentere Variante stammt von François Furet. Er unterstreicht in *Das Ende der Illusion. Der Kommunismus im 20. Jahrhundert*, dass „weder der Faschismus noch der Kommunismus, so gegensätzlich sie auch sind"[195] der Menschheit vom Schicksal vorherbestimmt waren. Furet lässt wissen, dass es aber eine derartige Vorherbestimmung sehr

192 Die Formulierung stammt von Klaus Hildebrand: Das Zeitalter der Tyrannen. In: Historikerstreit. Die Dokumentation der Kontroverse um die Einzigartigkeit der nationalsozialistischen Judenvernichtung. München 1987. S. 84–92.

193 Über die Geschichte eines Konzeptes: Traverso, Enzo: Le Totalitarisme. Le XXe siècle en débat. Paris 2001.

194 Fukuyama, Francis: Das Ende der Geschichte. Wo stehen wir? München 1992.

195 Furet, François: Das Ende der Illusion. Der Kommunismus im 20. Jahrhundert. München, Zürich 1996. S. 14.

wohl gibt, repräsentiert durch den gemeinsamen Feind von Kommunismus und Faschismus: den Liberalismus.

Die Historiker der neuen Restauration haben den Kommunismus vollständig verurteilt als Ideologie und als an sich totalitäre Praxis, nachdem sie die Bewegung und die politischen Apparate, die Revolution und das Regime, seine Utopien und seine Ideologie, die Sowjets und die Tscheka gleichsetzten. Jeglicher emanzipatorischer Dimension beraubt, wurde die Erinnerung an den Kommunismus in den Archiven des Jahrhunderts der Tyrannen abgelegt.

Das 20. Jahrhundert hat sicherlich eine zentrale Frage aufgeworfen, was die Marx'sche Diagnose über die Rolle des Proletariats als Befreier der Menschheit betrifft. Die Russische Revolution (und diejenigen in ihrem Schlepptau) hat ein totalitäres Regime hervorgebracht. All das, wogegen sich der Kommunismus seit Babeuf und Marx erhob – Unterdrückung, Ungleichheit, Herrschaft –, wurde bald seine normale Existenzform. Die Gewalt, die aus der Geschichte „geboren" wurde, wurde institutionalisiert. Der Apparat als Mittel wurde zum Selbstzweck, zum Fetisch, der seine Opfer forderte. Die Bewegung, die die Emanzipation von der Lohnarbeit versprach, die nun von ihrer kapitalistischen Form befreit war, errichtete ein System der Entfremdung und Unterdrückung. Der Kommunismus, wie wir ihn in seinen konkreten historischen Ausprägungen nach 1917 erlebten, wurde mit dem Jahrhundert verschlungen, das ihn hervorbrachte. Nach einer Epoche der Kriege und Genozide, der Faschismen und des Stalinismus überlebt der Sozialismus nur als Utopie – wie zu seinen Anfängen. Aber diese Utopie ist nun schwer belastet vom Gewicht der Geschichte, die sie, Daniel Bensaïd zufolge, in eine „melancholische Wette"[196] verwandelt hat. Sie ist emotional stark belastet angesichts der erlittenen Niederlagen, der immer wieder möglichen Katastrophen, und dieses Gefühl wird zum eigentlichen roten Faden, der die Kontinuität der Geschichte als Geschichte der Besiegten webt. Im Unterschied zu Marx, der die Revolution als „Lokomotive der Geschichte" definierte, interpretierte sie Benjamin als „Notbremse", die den Lauf des Zugs in die immer gleiche Katastrophe anhalten und das Kontinuum der Geschichte durchbrechen könnte.[197] Marx' Metapher bleibt Gefangene der Fortschrittsmythologie, deren Symbol die Eisenbahn im 19. und 20. Jahrhundert war als Ausdruck der Industriegesellschaft, als Bild der Kraft und der Schnelligkeit. Seit den Schienen von Birkenau aber

196 Bensaïd, Daniel: Le Pari mélancolique. Métamorphose de la politique, politique des métamorphoses. Paris 1997.

197 Benjamin, Walter: Einbahnstraße. In: Gesammelte Schriften. Band I.3. Frankfurt/M. 1977. S. 1232.

und seit den Eisenbahnstrecken, die die *Zecken* im sibirischen Gulag bauten, erinnern Lokomotiven nicht mehr an die Revolution.

Wir befinden uns nicht mehr inmitten des Sturms wie unsere Vorfahren in der Zwischenkriegszeit. Wir leben, zumindest provisorisch, in einer *postkatastrophischen* Region, geschützt vor den Katastrophen, die andere Gegenden des Planeten ereilen. Und mit der Katastrophe entschwand die Revolution, ihre logische Konsequenz. Denn ihr „Erfahrungsraum" entfernt sich von uns wie eine überholte Vergangenheit, ihr „Erwartungshorizont" ist nicht mehr sichtbar[198]. Wir wissen nicht, ob der Kommunismus eines Tages erneut ein „Erwartungshorizont" werden kann, eine „konkrete Utopie", wie Ernst Bloch schreibt. Gewiss ist, dass sein „Erfahrungsraum" sich aus unserer Erinnerungslandschaft verabschiedet hat und noch auf seine Anamnese wartet.

Von diesem Gesichtspunkt aus, erging es der Erinnerung an den Kommunismus wie der Erinnerung an andere emanzipatorische Bewegungen. Wie es einige Historiker analysierten, erinnert der Mai ‚68 in unserer kollektiven Vorstellungswelt nicht mehr an den größten Generalstreik in der französischen Geschichte, sondern an den Ritus des Übergangs zu einer individualistischen Gesellschaft und an die Herausbildung einer neuen liberal-libertären Elite.

Die Geschichte des Antikolonialismus ähnelt am deutlichsten der des Kommunismus. Kaum jemand erinnert noch öffentlich an den Antikolonialismus. Eine gigantische Revolte kolonialisierter Bevölkerungen wurde vergessen, verdeckt von anderen Repräsentationen des „Südens" der Welt, die im Lauf der letzten drei Jahrzehnte kulminierten: zunächst die Massengräber in Kambodscha und Ruanda, dann die „humanitären Kriege", schließlich der islamistische Terrorismus, dessen Vertreter das Bild des *Guerillero* verdrängten. Die ehemals Kolonialisierten erhielten immer noch nicht den Status von historischen Subjekten, sie wurden einfach in „Opfer" verwandelt, Gegenstand der Hilfe aus den Industrieländern, die weiterhin, wie im 19. Jahrhundert, ihre „zivilisatorische Mission" verfolgen unter dem ideologischen Mantel der „Menschenrechte". So begraben, überlebt die Erinnerung an den Kommunismus und den Antikolonialismus als emanzipatorische Bewegungen, als Erfahrung der Verwandlung von Unterdrückten in historische Subjekte, als verborgene Erinnerung, manchmal als *Gegenerinnerung* zur herrschenden Politik und Ideologie.

---

198 Koselleck, Reinhart: »Erfahrungsraum« und »Erwartungshorizont« – zwei historische Kategorien. In: Vergangene Zukunft. Zur Semantik geschichtlicher Zeiten. Frankfurt/M. 1979. S. 349–375. Über die Zukunft der kommunistischen Idee vgl. vor allem Anderson, Perry: Zum Ende der Geschichte. Hamburg 1993.

V. Kapitel: Die Dilemmata der deutschen Historiker

Das Verschwinden des Faschismus

Deutschland ist ein interessantes Laboratorium, um die Interaktion zwischen der Erinnerung an den Nationalsozialismus und die Geschichtsschreibung über ihn zu untersuchen. Dort ging die Herausbildung eines historischen Bewusstseins über den Genozid an den Juden einher mit dem Verschwinden des Begriffs „Faschismus" aus dem historiographischen Feld. Nur wenige Historiker widmen sich einer vergleichenden Analyse der Faschismen[199], noch seltener sind diejenigen, die den Faschismus als ein europaweites Phänomen anerkennen. Es handelt sich dabei hauptsächlich um Überlebende der ostdeutschen Historiographie nach der „Zurechtweisung", die der deutschen Vereinigung in der akademischen Welt folgte. Der Begriff des Faschismus scheint den meisten BRD-Historikern eine Art Tabu zu sein. Timothy Mason, ein bedeutender Forscher, der die vergleichende Geschichte der Faschismen ins Zentrum seiner Arbeit stellte, hat dies schon 1988 erwähnt. In einem Artikel mit dem vielsagenden Titel „Whatever happened to ‚fascism'"? verwies er auf eine Tendenz, die sich im Lauf der letzten zehn Jahre noch verstärkt hat: das Verschwinden des Faschismusbegriffs in der deutschen Geschichtsschreibung.[200]

Die letzten zwanzig Jahre in Deutschland waren gezeichnet von fünf großen Debatten, einige verblieben innerhalb des Fachgebiets, andere drangen nach außen und lösten große gesellschaftliche Diskussionen aus. Die erste ist der *Historikerstreit,* der 1986/87 die Medien polarisierte und über die deutschen Grenzen hinaus bekannt wurde. Im Jahr darauf folgte dann der Briefwechsel zwischen Martin Broszat und Saul Friedländer, der nicht über die Fachzeitschriften und Fachbücher hinauskam, aber eine bedeutende methodische Reflexion darstellt. 1996 tobte die Kontroverse um das Buch von Daniel J. Goldhagen über „Hitlers willige Vollstrecker" mit großer internationaler Resonanz. Dann die rein internen Polemiken in der Geschichtswissenschaft, ausgelöst auf dem Historikertag 1998. Ihnen folgte schließlich der Streit um die Wanderausstellung über die Verbrechen der Wehrmacht.

Die erste Debatte, der *Historikerstreit,* wurde ausgelöst durch die Thesen von Ernst Nolte über die deutsche Vergangenheit, „die nicht vergehen will".

199 Schieder, Wolfgang: Faschismus als soziale Bewegung. Göttingen 1983.

200 Mason, Tim: Whatever happened to »fascism«? In: Nazism, Fascism and the Working Class. Essays. Cambridge 1995. S. 323–331.

Seine Interpretation des Nationalsozialismus als Reaktion auf die Russische Revolution und vor allem seine Sichtweise des Genozids an den Juden als „Kopie" eines „Klassengenozids", verwirklicht von den Bolschewiki, haben die bekannten Polemiken hervorgerufen. Jürgen Habermas war Noltes Hauptgegner. Er klagte diesen an, eine bequeme Form gefunden zu haben, „die Hypotheken einer glücklich entmoralisierten Vergangenheit *abzuschütteln*", die Vergangenheit zu „normalisieren" und die historische Verantwortung für die Verbrechen des Nationalsozialismus abzuwälzen.[201]

Die zweite Debatte fand ein Jahr später statt, außerhalb der Feuilletons der Tagespresse und der Fernsehschirme: eine methodische Debatte, die einen großen Einfluss auf die Forschung hatte. Der Briefwechsel zwischen Martin Broszat und Saul Friedländer, der fast zeitgleich auf Deutsch und Englisch erschien, thematisierte die heikle Frage, ob eine Historisierung des Nationalsozialismus möglich sei und wo ihre Grenzen liegen. Dabei wurden die Fruchtbarkeit des Dialogs und die unterschiedlichen Ansätze deutlich, die sich aus zwei verschiedenen Betrachtungswinkeln ergeben: der eines deutschen und der eines jüdischen Historikers.[202] Dieser Unterschied bildet einen zentralen Aspekt ihres Briefwechsels. Es geht nicht darum, die Debatte zu „ethnisieren", sondern darum, die unterschiedlichen erkenntnistheoretischen Perspektiven hervorzuheben, die mit der „Position" des Historikers verknüpft sind (das, was Karl Mannheim „Standort"[203] genannt hätte), d. h. mit seiner Verankerung in einem sozialen, politischen, kulturellen, nationalen und spezifisch gedenkpolitischen Kontext[204].

Die dritte Debatte fand Mitte der Neunzigerjahre statt und entzündete sich an dem Buch des amerikanischen Politologen Daniel Goldhagen. Sie ging weit über das akademische Milieu hinaus und eröffnete eine breite Diskussion über das Verhältnis der deutschen Gesellschaft zum Nationalsozialismus und über die Verstrickung der „gewöhnlichen" Deutschen in die Verbrechen.

201 Nolte, Ernst: Vergangenheit, die nicht vergehen will, und Jürgen Habermas: Eine Art Schadensabwicklung. In: Historikerstreit. München, Zürich 1987. S. 39–47 und 62–76.

202 Broszat, Martin, und Saul Friedländer: Um die »Historisierung des Nationalsozialismus«. Ein Briefwechsel. In: Vierteljahreshefte für Zeitgeschichte. 1988. Nr. 36.

203 Mannheim, Karl: Ideologie und Utopie (1929). Frankfurt/M. 1969. S. 130f.

204 Vgl. Herbert, Ulrich: Deutsche und jüdische Geschichtsschreibung über den Holocaust. In: Brenner, M., und David N. Myers (Hrsg.): Jüdische Geschichtsschreibung heute. Themen, Positionen, Kontroversen. München 2003. S. 247–258. Dieses Postulat steht im Zentrum der Rekonstruktion der Entwicklung der westdeutschen Geschichtsschreibung von Nicolas Berg: Der Holocaust und die westdeutschen Historiker. Erforschung und Erinnerung. Berlin 2003.

Auch wenn Goldhagens These, der Genozid an den Juden sei ein „nationales Projekt" gewesen, von den meisten Historikern kritisiert wurde, so war sie doch ein wichtiges Moment in der Konfrontation des vereinten Deutschlands mit der nationalsozialistischen Vergangenheit und bei der Ausbildung eines historischen Bewusstseins, in dessen Zentrum die Erinnerung an Auschwitz steht, vor allem bei jüngeren Leuten.[205] Goldhagen hat den funktionalistischen Ansatz, der die nationalsozialistischen Verbrechen als Produkt einer Mordmaschine betrachtet, unpersönlich und fast anonym, vehement in Frage gestellt. Er betont die aktive Beteiligung der Deutschen an diesen Verbrechen, indem er die Aufmerksamkeit nicht auf die Vernichtungslager fokussiert, sondern auf die Massenerschießungen der Spezialeinheiten: der Einsatzgruppen der SS, der Polizeibataillone und der Wehrmacht.

1998 fand die vierte Debatte statt bei einem traditionellen Stelldichein der deutschen Historiker, dem alle zwei Jahre stattfindenden Historikertag. Dort entzündeten sich lebhafte Diskussionen über die eigene Disziplin. Aufgedeckt und heftig kritisiert wurde, dass sich einige Schlüsselfiguren der Nachkriegsgeschichtsschreibung kompromittiert, ja sogar offen zum nationalsozialistischen Regime bekannt hatten – wie Werner Conze und Theodor Schieder, beide Lehrer vieler Forscher, welche die heutige Geschichtswissenschaft bestimmen.[206] An diesem Historikertag zeichnete sich das Profil einer neuen Generation ab – in einem historischen Sinn und nicht einfach chronologisch nach der Definition von Mannheim –, die sich im letzten Jahrzehnt zu Wort meldete (manchmal auch früher, vor allem im Fall eines der Sprecher der Protestwelle, Götz Aly[207]). Es war unausweichlich, dass die Zunft der Historiker den Blick auf die eigene Entwicklung richten und ehrlich, also schmerzhaft, Selbstkritik leisten musste, nachdem sie den Anstoß zur Bildung eines historischen Bewusstsein gegeben hatte, mit dem Erfolg einer großen gesellschaftlichen Debatte über den öffentlich Gebrauch der Geschichte. Hier findet eine völlige Identifikation des Richters mit dem Historiker statt in einem Prozess, in dem die Historiker sich zu Richtern ihrer Vorgänger und der eigenen Geschichte erheben.

---

205 Goldhagen, Daniel J.: Hitlers willige Vollstrecker. Ganz gewöhnliche Deutsche und der Holocaust. Berlin 1996. Vgl. dazu Traverso, Enzo: La Shoah, les historiens et l'usage public de l'histoire. In: L'homme et la société. 1997/3. Nr. 125. S. 17–26.

206 Vgl. Schulze, Winfried, und Otto G. Oexle (Hrsg.): Deutsche Historiker im Nationalsozialismus. Frankfurt/M. 1999. Für eine Gesamtbilanz vgl. Cattaruzza, Marina: Ordinary Men? Gli storici tedeschi durante il nazionalsocialismo. In: Contemporanea. 1999. II. Nr. 2. S. 331–339.

207 Husson, Edouard: Comprendre Hitler et la Shoah. Paris 2000. S. 271f.

Die fünfte Debatte kam auf mit der Ausstellung über die Verbrechen der Wehrmacht, die vom Institut für Sozialforschung in Hamburg organisiert, 1995 eröffnet wurde. Diese Ausstellung hat eine lange und bewegte Geschichte, die 2002 zu ihrem Ende kam.[208] Sie war das Resultat einer umfangreichen Recherche und zerstörte den Gemeinplatz, der stark in der öffentlichen Meinung Deutschlands verankert war, dem zufolge die Wehrmacht nicht in die nationalsozialistischen Verbrechen verwickelt gewesen sei. Die Verantwortung dafür trügen fast ausschließlich SS und Gestapo. Die Hamburger Ausstellung stützte sich auf ein umfangreiches Material mit vielen Bildern und Dokumenten der Zeit. Sie verdeutlichte, dass vor allem das Heer zahlreiche Massaker an der Zivilbevölkerung in der UdSSR – hauptsächlich in der Ukraine und in Weißrussland – und in Serbien verübte und an der Judenvernichtung beteiligt war. Die Judenvernichtung stand im Zentrum eines Eroberungs- und Vernichtungskriegs gegen den Kommunismus, die slawischen Bevölkerungen, die Juden sowie Sinti und Roma. Dieser Krieg, radikalisierte sich angesichts des sowjetischen Widerstands und nahm schnell die Züge eines Kolonialkriegs und eines antisemitischen Kreuzzugs an. Millionen junger Soldaten, die in der Wehrmachtuniform kämpften, repräsentierten die gesamte deutsche Gesellschaft, mit der sie in Kontakt standen und Informationen austauschten. Die Verstrickung der Wehrmacht in den Genozid an den Juden zu zeigen bedeutete somit, den Mythos zu zerstören, dass die Deutschen „von nichts wussten".

Der Streit über die Ausstellung erreichte 1999 seinen Höhepunkt, als ihre Gegner nachweisen konnten, dass auch einige falsche Dokumente gezeigt wurden (vier Bilder von Verbrechen des NKWD, die fälschlicherweise der Wehrmacht zugeordnet waren), und damit ihre Schließung erwirkten. Aber nach der Arbeit einer unabhängigen Untersuchungskommission, die jeglichen Vorwurf der Fälschung und Manipulation zurückwies, konnte die Ausstellung 2002 wieder eröffnet werden, ohne die fraglichen Fotos und begleitet von einem neuen Katalog mit einem bedeutenden kritischen Apparat.

Diese Kontroversen sind ganz unterschiedlicher Natur. Es handelt sich nämlich um drei große gesellschaftliche Debatten, die weit über die Grenzen des Fachgebiets hinausdrangen (der *Historikerstreit*, die Goldhagen-Affäre und die Wehrmachtausstellung), eine methodische Reflexion über die Interpretation einer Vergangenheit, die sich den traditionellen Verfahren der

---

208 Bartov, Omer: The German Exhibition Controversy. The Politics of Evidence. In Bartov, O., A. Grossmann und M. Nolan (Hrsg.): Crimes of War. Guilt and Denial in Twentieth Century. New York 2002. S. 43–60.

Historisierung entzieht (der Briefwechsel Broszat–Friedländer), schließlich um eine Identitätskrise innerhalb einer intellektuellen Zunft (Historikertag 1998). Bei genauerer Betrachtung jedoch ergibt sich, dass die drei ersten Kontroversen – die sowohl die Voraussetzung als auch die Grundlage für die anderen bilden – sich um die gleiche Frage drehen: die *historische Einzigartigkeit* des Nationalsozialismus und seiner Verbrechen.[209] Die Anerkennung dieser Einzigartigkeit ist von nun an das implizite Postulat der Mehrheit der deutschen Arbeiten über den Nationalsozialismus. Es geht hier nicht darum, diese Einzigartigkeit in Frage zu stellen. Sie ist in vielerlei Hinsicht eine wichtige Errungenschaft der Geschichtsschreibung. Was dagegen hervorzuheben bleibt, sind die problematischen, manchmal beunruhigenden Folgen, die diese Anerkennung mit sich bringt. Zu den wichtigsten negativen Auswirkungen gehört das Verschwinden des Faschismusbegriffs.

In dieser entscheidenden Frage hat man den Eindruck, dass sich alle schweigend, aber entschlossen auf die Seite des liberal-konservativen Historikers Karl Dietrich Bracher gestellt haben, der schon immer den Begriff des Faschismus am überzeugendsten zurückgewiesen hat. Seit über vierzig Jahren stellt er seine „totalitäre" Vision des nationalsozialistischen Deutschlands gegen die unterschiedlichen Faschismustheorien, die ihm zufolge nur für das Italien Mussolinis zutreffen.[210] Einige seiner Schüler, wie Hans-Helmut Knütter, weigern sich sogar, dem Wort „Faschismus" den Status eines *Begriffs* zuzusprechen, und reduzieren es auf ein *Schlagwort,* eine Ideologie und ein Propagandamittel.[211]

Diese Haltung ist nicht neu. Neu ist, dass sich Historiker und Politologen ihr anschließen, die aus der Linken kommen, wie Wolfgang Kraushaar oder Dan Diner. Kraushaar verteidigt jetzt die Totalitarismusthese, die er für unvereinbar mit der Faschismusthese hält (wenn Nazideutschland totalitär war, konnte es nicht faschistisch sein[212]). Diner veröffentlichte jüngst den ambitionierten und interessanten Versuch eines „Verstehens" des 20. Jahrhunderts

209 Traverso, Enzo: La singularité d'Auschwitz. Problèmes et dérives de la recherche historique. In: Coquio, C. (Hrsg.): Parler des camps, penser les génocides. Paris 1999. S. 128–140.

210 Bracher, Karl-Dietrich: Zeitgeschichtliche Kontroversen. Um Faschismus, Totalitarismus, Demokratie. München 1976.

211 Knütter, Hans-Helmut: Die Faschismus-Keule. Das letzte Aufgebot der deutschen Linken. Frankfurt/M. Berlin 1993. S. 14.

212 Kraushaar, Wolfgang: Die auf dem linken Auge blinde Linke. Antifaschismus und Totalitarismus. In: Linke Geisterfahrer. Denkanstösse für eine antitotalitäre Linke. Frankfurt/M. 2001. S. 147–155.

– *Das Jahrhundert verstehen* –, in der er fast gar nicht auf den Begriff des Faschismus eingeht.[213] Der Nationalsozialismus erscheint hier als ein ausschließlich deutsches Phänomen, völlig verschieden und losgelöst vom italienischen Faschismus, sowohl was seinen Inhalt, als auch was seine Form betrifft. Nach dieser Lesart ist es unmöglich, den Nationalsozialismus als ein europäisches Phänomen zu begreifen.

In den meisten Fällen handelt es sich bei den Historikern, die weiterhin den Begriff des Faschismus verwenden, um Repräsentanten der historischen Schule der ehemaligen DDR, wie Kurt Pätzold, Marxisten wie Reinhard Kühnl[214] oder linke Nolte-Schüler wie Wolfgang Wippermann[215]. Unter den bedeutenden Historikern der BRD bildet Hans Mommsen die einzige Ausnahme, der die Stichhaltigkeit dieses Konzepts anerkennt, selbst wenn er es innerhalb seines beachtlichen und sicherlich bedeutenden Werks kaum anwendet, das sich aber ohnehin nicht unbedingt durch Vergleiche auszeichnet. Es ist vielsagend, dass das einzige Werk, das heute in Deutschland zu diesem Thema lieferbar ist, aus dem Polnischen übersetzt wurde: *Schulen des Hasses* von Jerzy W. Borejsza.[216]

Ein anderes Zeichen für diese Mutation in der intellektuellen Szene ist, dass derjenige den Faschismusbegriff aufgegeben hat, der am meisten zu seiner Verbreitung beitrug: Ernst Nolte. Zu Beginn der Sechzigerjahre wurde er berühmt dank eines ambitionierten Buches, in dem er den Faschismus als europäisches Phänomen charakterisierte und drei Hauptvarianten analysierte: Mussolinis Regime in Italien, den deutschen Nationalsozialismus und die Action Française. Heute zieht er es vor, den Nationalsozialismus als Totalitarismus zu qualifizieren, den er „historisch-genetisch" erklärt.[217]

213 Diner, Dan: Das Jahrhundert verstehen. Eine universalhistorische Deutung. München 1999.

214 Kühnl, R.: Der Faschismus. Berlin 1998.

215 Wippermann, W.: Faschismustheorien. Die Entwicklung der Diskussion von den Anfängen bis heute. Darmstadt 1995.

216 Borejsza, Jerzy W.: Schulen des Hasses. Faschistische Systeme in Europa. Frankfurt/M. 1999.

217 Nolte, Ernst: Der Faschismus in seiner Epoche. Die Action française, der italienische Faschismus, der Nationalsozialismus. München 1963. Seine »historisch-genetische« Interpretation des Totalitarismus findet sich in seinem Briefwechsel mit François Furet: »Feindliche Nähe«. Kommunismus und Faschismus im 20. Jahrhundert. Ein Briefwechsel. München 1998.

Diese „Ächtung" eines Konzepts hat mehrere Gründe. Man kann mindestens vier nennen, die sowohl auf die Evolution der historischen Forschung zurückgehen als auch auf die Veränderung der deutschen Erinnerungslandschaft.

Der erste Grund sind die mittlerweile offensichtlichen Grenzen der klassischen Faschismustheorien, vor allem der marxistischen. Man kann sich heute nur schwerlich mit einer Erklärung zufrieden geben, die den Nationalsozialismus, nach der kanonischen Formel, als Diktatur der aggressivsten Fraktionen des Großkapitals und des deutschen Imperialismus betrachtet oder, etwas differenzierter, als schlichtes Resultat einer Veränderung des Kräfteverhältnisses zwischen den Klassen.[218] Auch wenn die Grenzen dieser Theorien auf der Hand liegen, möchte ich darauf hinweisen, dass die marxistischen Interpretationen, die heute kaum noch zur Kenntnis genommen werden, oft reichhaltiger und komplexer sind, als unterstellt wird (die Marxisten gehörten zu den Ersten, die den Faschismus mit Begriffen wie Totalitarismus, Polykratie, charismatische Herrschaft, Massenpsychologie u. a. analysierten).[219] Die Indifferenz angesichts der Klassenbasis des Nationalsozialismus kann genauso in eine Sackgasse führen wie eine Analyse des Hitler'schen Staats in streng „klassischen" Begriffen. Wenn auch niemand ernsthaft behaupten kann, dass die Gaskammern dem Bild des deutschen Monopolkapitalismus entsprechen, so bleibt doch seine Verstrickung in das System der Konzentrationslager unbestreitbar, genau wie die Unterstützung des nationalsozialistischen Regimes durch die traditionellen deutschen Eliten bis zum Ende des Zweiten Weltkriegs.

Der zweite Grund liegt in den starken Unterschieden zwischen dem italienischen Faschismus und dem Nationalsozialismus, vor allem auf der ideologischen Ebene. Der Antisemitismus, der einen zentralen Platz in der Weltanschauung und Politik der Nazis einnahm, spielte im italienischen Faschismus keine Rolle bis 1938; da war Mussolini schon sechzehn Jahre an der Macht. Auf einer allgemeineren Ebene zeigen die kulturellen Matrizen des italie-

218 Eine Bilanz der DDR-Geschichtsschreibung über den Nationalsozialismus bietet Roth, Karl Heinz: Glanz und Elend der DDR-Geschichtswissenschaft über Faschismus und Zweiten Weltkrieg. In: Bulletin für Faschismus- und Weltkriegsforschung. 2001. Nr. 17. S. 66–72. Zum Genozid an den Juden vgl. Kwiet, Konrad: Historians of the German Democratic Republic on Antisemitism and Persecution. In: Leo Baeck Institute Yearbook. 1976. Band 21. S. 173–198.

219 Vgl. Beetham, David (Hrsg.): Marxists in face of Fascism. Writings by Marxists on Fascism from the Inter-War-Period. Manchester 1983.

nischen Faschismus (eine „linke“ Tendenz bei seinen Anfängen), seine Begeisterung für den „totalitären“ Staat (statt der *Volksgemeinschaft*) und selbst seine Definition des Nationalismus (eher spirituell als biologisch) tiefgehende Unterschiede zum Nationalsozialismus, sodass eine Vision des Faschismus als homogenes Phänomen, dessen nationale Varianten nur oberflächlich seien, sehr fragwürdig ist.[220]

Auch wenn diese objektiven Lücken und Grenzen Zweifel am Faschismusbegriff begünstigt haben, gibt es doch einen dritten, eindeutig politischen Grund, der für sein Verschwinden gesorgt hat. Der Faschismusbegriff war ein Dogma der historischen Schule der DDR in einem Kontext, wo die Grenzen verschwammen zwischen Forschung und Ideologie, zwischen Interpretation der Vergangenheit und Apologie der bestehenden Ordnung. Nach der Vereinigung verschwand dieser Begriff mit der Auflösung der historischen Schule, die ihn vertreten hatte.

Dieser Prozess wurde zunächst begleitet von einer Infragestellung, dann von einer radikalen Ablehnung eines anderen Begriffs, des Antifaschismus, der viel mehr als Staatsideologie betrachtet wurde, denn als Erbe einer Widerstandsbewegung. Die Erforschung des kommunistischen Widerstands – dessen Bedeutung nicht gering zu schätzen ist[221] – ist immer ein Teil der ostdeutschen Geschichtsschreibung gewesen, die einer starken ideologischen Kontrolle unterworfen war. Im Westen zog man die Opposition in der Armee vor, deren Höhepunkt das Attentat auf Hitler 1944 darstellt.

Die Sozialgeschichte dagegen versuchte den Begriff des Widerstands selbst in Frage zu stellen, um die Aufmerksamkeit auf die verschiedenen Formen der „Dissidenz“ oder „Resistenz“ der Zivilgesellschaft gegen das Regime zu lenken. Wie Saul Friedländer betont, ist die Konsequenz dieses Konzepts – das wortwörtlich bedeutet „Immunität in einem biologischen Sinne“[222] –, die beschwichtigende und apologetische Sichtweise zu legitimieren, die seit 1945 weit verbreitet ist, nämlich die einer deutschen Zivilgesellschaft, die mit den Verbrechen des Nationalsozialismus nichts zu tun habe. Mit dem Erfolg der *Alltagsgeschichte* über das Leben im nazistischen Deutschland verlor der Wi-

220 Traverso, Enzo: Le totalitarisme. Jalons pour l’histoire d’un débat. In: Le Totalitarisme. S. 27.

221 Hermann Weber schätzt die von den Nazis eingesperrten Kommunisten auf 150.000, wovon 20.000 ermordet wurden. In: Kommunistischer Widerstand gegen die Hitler-Diktatur, 1933–1939. Gedenkstätte deutscher Widerstand. Berlin 1990. S. 3.

222 Friedländer, Saul: The Wehrmacht and Mass Extermination of the Jews. In: Crimes of War. Guilt and Denial in Twentieth Century. New York 2002. S. 23.

derstand an Interesse.[223] Diese Mutation fiel umso leichter, da nur die DDR-Geschichtsschreibung sich als legitime Erbin einer antifaschistischen Tradition betrachten konnte, im Gegensatz zu den westdeutschen Historikern, die, wie man heute sagt, der „Generation der Hitlerjugend" angehörten, und noch mehr zu ihren Lehrern, die das Fachgebiet seit der Adenauer-Ära beherrschten und die vor 1945 häufig Mitglieder der NSDAP gewesen waren.

Es gibt hier eine grundlegende Differenz zur italienischen Geschichtsschreibung, deren aktueller Streit mit der Kritik des „antifaschistischen Paradigmas" zusammenhängt, auf dem sie sich 1945 neu begründet hatte. Dazu kommt noch ein politisches Element. Der Faschismusbegriff bezeichnete in der westdeutschen Gesellschaft von 1960 bis 1970 mehr die Gegenwart als die Vergangenheit und diente dazu, gegen die autoritären Tendenzen eines politischen Systems zu kämpfen, das aus den Ruinen des Dritten Reichs entstanden war. Von Adorno stammt die berühmte Formel, dass die Gefahr mehr von den Relikten des Faschismus in der Demokratie ausgeht als von einem neuen Faschismus.[224] Angesichts der Solidität der demokratischen Institutionen Deutschlands, für die die Vereinigung einen Härtetest darstellte, erwies sich dieses Konzept als veraltet und obsolet.

Wir kommen jetzt zu dem vierten und wichtigsten Grund für die „Ächtung" des Faschismuskonzepts. Die Herausbildung eines historischen Bewusstseins hat, gestützt durch die Erinnerung an Auschwitz, am meisten dazu beigetragen, den Faschismusbegriff in der deutschen Geschichtsschreibung aufzugeben. Der Faschismus erscheint als eine zu allgemeine Kategorie, um Auschwitz zu verstehen. Der einzigartige Charakter der Judenvernichtung in Europa kann nicht durch ein Konzept erfasst werden, das auch auf Mussolinis Italien zutrifft, auf Francos Spanien, Salazars Portugal, Dollfuss' Österreich, Antonescus Rumänien usw.[225] Das Verschwinden des Faschismusbegriffs erscheint somit als Epilog einer langen Entwicklung der deutschen Geschichts-

223 Broszat, Martin: Resistenz und Widerstand. In: Nach Hitler. München 1986. S. 68–91. Eine Darstellung der Debatte findet sich in: Kershaw, Ian: Der NS-Staat. Geschichtsinterpretationen und Kontroversen im Überblick. Reinbek 1988. 8. Kapitel. Für eine Kritik des Resistenzbegriffes vgl. Friedländer, Saul: Memory, History and the Extermination of the Jews of Europe. Bloomington 1983. S. 92–95.

224 Adorno, Theodor W.: Was bedeutet: Aufarbeitung der Vergangenheit. In: Eingriffe. Neun kritische Modelle. Frankfurt/M. 1963. S. 125–146.

225 Diner, Dan: Antifaschistische Weltanschauung. Ein Nachruf. In: Kreisläufe. Berlin 1995. S. 91. Um das Auftauchen des Holocaust im Zentrum der geschichtswissenschaftlichen Debatte in Westdeutschland zu verstehen, siehe: Berg, Nicolas: Der Holocaust und die westdeutschen Historiker. S. 379–383 (vor allem, was die Abwesenheit des Holocaust in den Faschismustheorien der Sechzigerjahre angeht).

schreibung, die in einer Vision der Vergangenheit mündet, in deren Zentrum sich nun die Shoah einschreibt, der „Fixpunkt" des nationalsozialistischen Systems, die unüberwindbare *Einzigartigkeit*. Die Verbissenheit, mit der sich die Historiker des Faschismusbegriffs entledigten, ähnelt einer nihilistischen Kompensation, mit der sie versuchen, die lange Periode auszulöschen, in der ihre Vorgänger nicht in der Lage waren, den Genozid an den Juden zu denken und zu erforschen.

Daraus ergibt sich eine wichtige Frage: Wäre der Totalitarismusbegriff, der im letzten Jahrzehnt in Deutschland eine spektakuläre Renaissance erlebt hat, eher in der Lage, eine solche Einzigartigkeit zu erfassen? Ist die Verlagerung des historischen Vergleichs zwischen italienischem Faschismus und Nationalsozialismus auf den Vergleich zwischen Nationalsozialismus und Kommunismus aufschlussreicher, was die Natur von Hitlers Regime und die Einzigartigkeit seiner Verbrechen angeht? Würde die Gleichsetzung der „doppelten totalitären Vergangenheit" Deutschlands – des Dritten Reichs und der DDR, eines Regimes, das Leichenberge, und eines, das Aktenberge anhäufte, um die Beschreibung von Etienne François aufzunehmen[226] – zu Erkenntnissen von größerer heuristischer Bedeutung führen? Das ist zu bezweifeln.

Es geht weder darum, die Bedeutung des Totalitarismusbegriffs – begrenzt, aber real – zu bestreiten, noch darum, die Legitimität eines Vergleichs zwischen stalinistischen und nationalsozialistischen Verbrechen zu leugnen. Das Problem liegt im Gebrauch, der davon gemacht wird. Warum Totalitarismus und Faschismus als unvereinbare und alternative Kategorien denken? Warum dem Vergleich zwischen Nationalsozialismus und Kommunismus eine größere heuristische Bedeutung zusprechen als dem zwischen Faschismus und Nationalsozialismus? Es geht auch nicht darum, die Einzigartigkeit der nationalsozialistischen Verbrechen zu leugnen, denn die industrielle Judenvernichtung bleibt eine ausschließliche Charakteristik des Nationalsozialismus.

Aber auch wenn Gaskammern außerhalb des Dritten Reichs nicht existierten, so waren ihre historischen Voraussetzungen mit unterschiedlicher Intensität in der gesamten westlichen Welt verbreitet – der Antisemitismus, der Rassismus, der Kolonialismus, die Gegenaufklärung, die technische und industrielle Moderne. Allerdings schließt die Einzigartigkeit der nationalsozialistischen Verbrechen die Zugehörigkeit zu einer größeren politischen Familie, der der europäischen Faschismen, nicht aus. Doch war es genau diese

226 François, Etienne: Révolution archivistique et réécriture de l'histoire: l'Allemagne de l'Est. In: Rousso, Henry (Hrsg.): Nazisme et stalinisme. Histoire et mémoire comparées. Paris 1999. S. 346.

Hypothese, die seit dem *Historikerstreit* bis zu den Debatten um das *Schwarzbuch des Kommunismus* (das in Deutschland recht einflussreich war) völlig von der Bühne verschwand. Wir erlebten so, trotz einiger Errungenschaften der Forschung, einen „antitotalitären Konsens", der einen „Anti-Antifaschismus" voraussetzt, um die Worte von Jürgen Habermas über Deutschland vor 1968 aufzugreifen.

Zusammenfassend ist festzustellen, dass der Faschismus verschwindet, weil sich zwei Tendenzen miteinander verbunden haben: einerseits der antitotalitäre und „anti-antifaschistische" Konsens und andererseits die Herausbildung eines historischen Bewusstseins, das sich auf die Erinnerung an die Shoah und ihre Einzigartigkeit stützt. In Italien haben einige geschichtswissenschaftliche Strömungen Tendenzen hervorgebracht, die, von den Medien kräftig unterstützt, eine radikale Spaltung zwischen Faschismus und Nationalsozialismus theoretisierten, um den Faschismus zu rehabilitieren und den Antifaschismus zu denunzieren. Der italienische Faschismus, erklärte Renzo De Felice in einem Interview, das großes Aufsehen erregte, bleibe außerhalb des „Schattens des Holocaust"[227]. Die Anerkennung der Einzigartigkeit des Genozids an den Juden als Schlüssel für die Herausbildung eines historischen Bewusstseins in Deutschland, in Italien aber als Vorwand für eine Rehabilitierung des Faschismus – dieses perverse Phänomen ist eine ständige Quelle von Missverständnissen und Zweideutigkeiten.

Die Risiken, die diese Tendenzen in sich tragen, hatte Martin Broszat zu Beginn seines Briefwechsels mit Saul Friedländer kritisiert. Friedländer scheint sie heute, zumindest teilweise, anzuerkennen: Eine „Isolierung" der nationalsozialistischen Vergangenheit verhindere, die Ähnlichkeiten mit anderen europäischen Faschismen zu sehen oder, allgemeiner, mit dem Zivilisationsmodell der westlichen Welt. Diese Ähnlichkeiten festzustellen bedeutet nicht, den Nationalsozialismus zu „normalisieren" oder zu rehabilitieren, sondern eher, unsere Zivilisation zu „entnormalisieren" und die Geschichte Europas in Frage zu stellen. Wenn es einen deutschen *Sonderweg* gegeben haben sollte, so erklärt er nicht die Wurzeln des Nationalsozialismus, sondern sein Ergebnis.[228] Anders ausgedrückt, liegt die Einzigartigkeit des nazistischen

227 Vgl. das Interview mit Renzo De Felice von Jader Jacobelli, in: Jacobelli, Jader (Hrsg.): Il fascismo e gli storici oggi. Bari, Rom 1988. S. 6. Ein Vergleich von Noltes Ansatz mit dem von De Felice findet sich in: Schieder, Wolfgang: Zeitgeschichtliche Verschränkungen über Ernst Nolte und Renzo de Felice. In: Annali dell'Istituto italo-germanico di Trento. 1991. XVII. S. 359–376.

228 Steinmetz, Georges: German exceptionalism and the Origins of Nazism: the career of a concept. In: Kershaw, I., und M. Lewin (Hrsg.): Stalinism and Nazism. Dictator-

Deutschlands in seiner übrigens unbekannten Synthese verschiedener Elemente, die Ende des 19. Jahrhunderts im gesamten Europa vorkamen und sich nach dem Ersten Weltkrieg auf dem Kontinent ausbreiteten: Antisemitismus, Faschismus, totalitärer Staat, technische Moderne, Rassismus, Eugenik, Imperialismus, Konterrevolution, Antikommunismus.

Mit der „Isolierung" der nationalsozialistischen Vergangenheit wächst die Gefahr, dass sich die deutsche Geschichtsschreibung von den Hauptströmungen der internationalen Forschung entfernt, wo die Legitimität des Faschismusbegriffs als „Idealtypus" allgemein anerkannt ist. Unzählbar sind die Historiker, die in den letzten Jahren davon Gebrauch machten. Die Ablehnung des Faschismusbegriffs (und konsequenterweise des Antifaschismus) führt zurück auf die ewige Frage nach dem Verhältnis von Geschichte und Erinnerung. Sie gräbt einen radikalen Hiatus zwischen der aktuellen Historisierung des Nationalsozialismus und seiner Wahrnehmung durch die Zeitgenossen. Schließlich war der Faschismus, bevor er zu einer analytischen Kategorie wurde, eine Gefahr, gegen die man kämpfen musste, und war der Antifaschismus, bevor er zur Staatsideologie wurde, ein *Ethos* des demokratischen Europas und auch der deutschen Kultur im Exil.

---

ships in Comparison. Cambridge 1997. S. 257.

VI. Revision und Revisionismus

Metamorphosen eines Konzepts

„Revisionismus" ist ein Chamäleon, das im Lauf des 19. Jahrhunderts verschiedene und widersprüchliche Bedeutungen angenommen hat, sich zum unterschiedlichsten Gebrauch anbot und manchmal Missverständnisse hervorrief. Die Sache wurde noch komplizierter, als die internationale Sekte, die die Existenz der Gaskammern und sogar den Genozid an den europäischen Juden leugnet, sich den Begriff angeeignet hat.[229] Die Holocaustleugner versuchen sich als Sprecher einer „revisionistischen" historischen Schule zu präsentieren, die sich einer anderen Schule entgegenstelle, deren Vertreter von ihnen als „Exterminationisten" qualifiziert werden. Letztere seien Leute, denen natürlich zu konzedieren sei, dass sie historische Studien betrieben die sich aber ihren Namen verdient hätten, weil sie den Genozid an den Juden beweisen wollten. Um ihre Thesen zu verteidigen, gründeten die französischen Holocaustleugner 1987 eine Zeitschrift mit dem Titel *Annales d'histoire révisionniste*, die dann in *Revue d'histoire révisionniste* umbenannt wurde. Natürlich hat diese Strömung ihr Ziel nicht erreicht, weil sie innerhalb der Geschichtswissenschaft nicht die geringste Anerkennung erlangte und auch in öffentlichen Debatten nicht erwähnt wird. Eine Strömung, die Pierre Vidal-Naquet in einem seiner Bücher beim Namen nannte: „Schlächter der Erinnerung"[230]. Immerhin wurde häufig betont, dass die Präsenz der Holocaustleugner die Forschung im Lauf der letzten Jahre stimuliert hat, eine genauere und detaillierte Kenntnis der Mittel und Modalitäten der Judenvernichtung zu erlangen.

Eines aber haben die Holocaustleugner erreicht, nämlich die Sprache zu verschmutzen und eine beachtliche Konfusion über den Begriff des Revisionismus zu schaffen. François Bédarida schrieb schon vor zehn Jahren, dass die Holocaustleugner den Begriff „usurpiert" hätten. Sie hätten ein bereits existierendes Wort genommen, das „einen mehr als ehrenwerten Ansatz" darstelle, „einen notwendigen und legitimen Ansatz, um zu täuschen und zu lügen"[231].

229 Unter den letzten bedeutenden Werken, die sich dem Thema widmen, vgl. Igounet, Valérie: Histoire du révisionisme en France. Paris 2000. Brayard, Florent: Comment l'idée vint à M. Rassinier. Paris 1996, und Nadine Fresco: Fabrication d'un antisémite. Paris 1999.

230 Vidal-Naquet, Pierre: Die Schlächter der Erinnerung. Salzburg 2002.

231 Bédarida, François: Comment est-il possible que le »Révisionnisme« existe? Reims 1993. S. 4.

Es ist von nun an unabdingbar, wenn man diesen Begriff benutzt, seine Bedeutung zu präzisieren, wie es z. B. Pierre Vidal-Naquet unternimmt, wenn er am Anfang seiner *Thesen über den Revisionismus* (1985) klarstellt, dass er ihn restriktiv benutzt für „die Doktrin, derzufolge der von Nazideutschland verübte Völkermord an den Juden und ‚Zigeunern' nicht stattgefunden habe, sondern ein Mythos, etwas Fabuliertes, ein Betrug sei.". Er fährt fort und unterstreicht den unterschiedlichen Sinn, den dieses Wort je nach Kontext annehmen kann, um schließlich darauf hinzuweisen, dass der Begriff auch seine Sternstunden hatte. In Frankreich waren „die ersten modernen Revisionisten" diejenigen, die sich für eine Revision des Prozesses einsetzten, in dem Hauptmann Alfred Dreyfus verurteilt worden war.[232]

Die Geschichte des Revisionismus – die Holocaustleugner ausgenommen – lässt sich in drei zentralen Punkten zusammenfassen: eine marxistische Kontroverse, eine Spaltung der kommunistischen Bewegung und eine Reihe von historiographischen Debatten nach dem Zweiten Weltkrieg.

Zunächst zum klassischen Revisionismus, durch den sich der Begriff in das Vokabular der modernen Politik einfügte: Es handelt sich natürlich um die *Bernstein-Debatte*, die Ende des 19. Jahrhunderts in der deutschen Sozialdemokratie ausbrach und sich schnell auf die gesamte internationale sozialistische Bewegung ausweitete. Der ehemalige Sekretär von Engels, Eduard Bernstein, hielt es für nötig, bestimmte Konzepte von Marx zu „revidieren", wie die These der unablässigen Verschärfung des Klassenantagonismus in der bürgerlichen Gesellschaft oder die Zusammenbruchstheorie, die besagt, dass der Kapitalismus an den eigenen Widersprüchen zugrunde gehen werde. Bernstein zog aus seinen theoretischen Revisionen Schlüsse, die darauf zielten, die Theorie der deutschen Sozialdemokratie an ihre Praxis anzupassen, die Praxis einer Massenpartei, die den revolutionären Weg aufgegeben habe und sich auf eine reformistische Politik zu bewege.[233] Der Revisionismus wurde stark von Kautsky, Roṣa Luxemburg und Lenin kritisiert, aber niemand dachte daran, Berstein aus der SPD auszuschließen, und der, manchmal auf hohem theoretischen Niveau, geführte Streit, überschritt nie die Grenzen einer Ideendebatte. Andere Revisionen folgten – von Rodolfo Mondolfo in Italien über Georges Sorel in Frankreich bis hin zu Henri de Man in Belgien –, die einige

232 Vidal-Naquet, Pierre: Thesen über den Revisionismus. In: Die Schlächter der Erinnerung. Essays über den Revisionismus. Wien 2002. S. 127–159, hier S. 127.

233 Bernstein, Eduard: Die Voraussetzungen des Sozialismus und die Aufgaben der Sozialdemokratie. Bonn 1964.

Vertreter des Sozialismus zum Faschismus treiben werden.[234] Der Begriff begann so sich über das marxistische Milieu hinaus zu verbreiten. In den Dreißigerjahren bezeichnete man etwa Vladimir Jabotinsky als „Revisionist“, weil er den diplomatischen Weg der Begründer des politischen Zionismus (Herzl, Nordau) ablehnte und forderte, einen jüdischen Staat in Palästina mit Gewalt zu errichten.[235]

Nach Gründung der Sowjetunion und der Transformation des Marxismus zur Staatsideologie war die sozialistische Kontroverse sektiererisch konnotiert, fast religiös mit ihren Dogmen und Gralshütern der Orthodoxie. Das Wort „Revisionist“ bekam nun einen schändlichen Beigeschmack, es wurde zum Synonym für „Verrat“. Es wurde stark gebraucht bei der Abspaltung Jugoslawiens 1948 und vor allem während des chinesisch-sowjetischen Konflikts Anfang der Sechzigerjahre. Manchmal diente es als Adjektiv für ein noch drastischeres Substantiv, so, wenn die Ideologen der Kominform Marschall Tito als „revisionistische Hyäne“ beschimpften.

Aber die Streitigkeiten um Bernstein, Jabotinsky und Tito betreffen die Geschichtsschreibung nicht – oder nur indirekt. Das dritte Feld, wo der Begriff benutzt wurde, berührt die Nachkriegsgeschichtsschreibung. Verschiedene Konzepte versuchten die Interpretation einer Epoche oder eines Ereignisses zu erneuern, eine herrschende Position in Frage zu stellen und wurden daher als „Revisionen“ bezeichnet. Das sollte auf ihren Erneuerungscharakter hinweisen und keineswegs ihre Legitimität bestreiten. Ihre Repräsentanten waren immer anerkannte Mitglieder der Historikerzunft.

Eine der prägendsten Revisionen unternahm Anfang der Sechzigerjahre Fritz Fischer, der die Debatte über die Ursprünge des Ersten Weltkriegs erneuerte (indem er auf die pangermanischen Ziele des preußischen Generalstabs hinwies, gegen die herrschende Tendenz innerhalb der deutschen Geschichtsschreibung)[236]. Dann die amerikanischen Politologen die, wie Gabriel Kolko, die verbreitete These in Frage stellten, dass die Sowjetunion den kalten Krieg ausgelöst habe.[237] Jüngeren Datums sind die Ausführungen des Historikers

234 Über die europäische Vision der Debatte vgl. Bonigiovanni, Bruno: Révisionismo e totalitarismo. Storie e significati. In: Teoria politica. XIII. 1997. Nr. 1. S. 23–54. Einige Beiträge zu dieser Debatte versammelte Henri Weber in: Kautsky, Luxemburg, Pannekoek. Socialisme, la voie occidentale. Paris 1983.

235 Laqueur, Walter: Der Weg zum Staat Israel. Geschichte des Zionismus. Wien 1972. VII. Kapitel: In Blut und Feuer: Jabotinsky und der Revisionismus. S. 357–403.

236 Fischer, Fritz: Griff nach der Weltmacht. Die Kriegszielpolitik des kaiserlichen Deutschland 1914/18. Kronberg 1961.

237 Kolko, Gabriel: Das Jahrhundert der Kriege. New York 1968.

Gar Alperovitz zur Atombombe: Die US-amerikanische Entscheidung, im August 1945 Atombomben auf Hiroshima und Nagasaki abzuwerfen, habe eher das Ziel gehabt, eine strategische Überlegenheit der Vereinigten Staaten gegenüber der Sowjetunion herzustellen – indem sie der Welt ihr Atomwaffenmonopol demonstrierten –, als den Krieg zu beenden und Menschenleben zu schonen, wie Truman es behauptet hatte.[238] In den USA bezeichnet man heute die Sowjetologen Moshe Lewin, Arch Getty und Sheila Fitzpatrick als „Revisionisten", weil sie sich seit den Siebzigerjahren von den antikommunistischen Erklärungen des kalten Kriegs distanzierten und begannen, hinter die totalitäre Fassade zu blicken und die Sozialgeschichte Russlands und der Sowjetunion zu erforschen.[239]

Aber auch in Europa gibt es zahlreiche Revisionen. Zum Beispiel in Italien, Anfang der Sechzigerjahre, in einer historiographischen Debatte zum Risorgimento, in der Gramscis und Salveminis Thesen über die Grenzen eines nationalen Einigungsprozesses unter der Führung der Monarchie Piemonts, als „revisionistisch" bezeichnet wurden.[240] Einige Jahre später unternahm François Furet eine Revision der jakobinisch-marxistischen Interpretation der Französischen Revolution – die er als „populistisch-leninistische Vulgata" bezeichnete. Er orientierte sich an einer liberalen Neuinterpretation des Bruchs von 1789 mit Hilfe von Tocqueville und Augustin Cochin und löste damit eine breite internationale Debatte aus.[241] Seine These, die zuvor noch als revisionistisch gegolten hatte, wurde während der Zweihundertjahrfeiern vor-

238 Alperovitz, Gar: Atomic Diplomacy. Hiroshima and Potsdam. New York 1985, und: The Decision to use the Atomic Bomb. New York 1996.

239 Für einen Gesamtüberblick dieser Schule vgl. Werth, Nicolas: Totalitarisme ou révisionnisme? L'histoire soviétique, une histoire en chantier. In: Communisme. 1996. Nr. 47–48, S. 57–70. Eine Zusammenfassung dieser historischen Strömung bietet. Fitzpatrick, Sheila: The Russian Revolution. New York 1994.

240 Vgl. Pavone, Claudio: Negazionismi, rimozioni, revisionismi: storia o politica? In: Collotti, Enzo (Hrsg.): Fascismo e antifascismo. Rimozioni, regioni, nazioni. Bari, Rom 2000. S. 34f.

241 Vor allem Furet, F.: 1789 – Vom Ereignis zum Gegenstand der Geschichtswissenschaft. Frankfurt/M. 1980. Für eine Rekonstruktion dieser Debatte: Kaplan, L.: Adieu 89. Paris 1993. Über die Kritiken am Revisionismus von Furet vgl. Vovelle, Michel: Réflexions sur l'interprétation révisionniste de la Révolution française. In: Combats pour la Révolution française. Paris 2001. Über die internationalen Aspekte dieser Debatte vgl. Bongiovanni, Bruno: Rivoluzione borghese o rivoluzione del politico? Note sul revisionismo storiografico. In: Dongiovanni, B.: Le repliche della storia. Karl Marx tra la rivoluzione francese e la critica della politica. Turin 1989. S. 33–66. Cominel, G. C.: Rethinking the French Revolution. Marxism and the Revisionist Challenge. London 1987.

herrschend. Die letzte bedeutende Revision in dieser Reihe ist die der „neuen“ israelischen Historiker.

Benny Morris und Ilan Pappé zerstörten einige langlebige Mythen, indem sie den Krieg von 1948 in seiner ganzen Komplexität darstellten, als einen Selbstverteidigungskrieg *und* als ethnische Säuberung.[242] Einen Krieg, in dem der gerade gegründete Staat Israel ums Überleben kämpfte und mehrere hunderttausend Palästinenser auswies. Diese Revision ist alles andere als apologetisch, sie bemüht sich ganz im Gegenteil, eine Periode der kollektiven Amnesie und offiziellen Verdunklung der Vergangenheit zu beenden.

Das Wort und die Sache

Diese historiographischen Revisionen ermuntern dazu, einige methodische Fragen zu klären. Die erste betrifft den Gebrauch der Quellen. Wenn der historische Bericht vergangene Ereignisse rekonstruiert, „wie es eigentlich gewesen ist“ nach der kanonischen Formulierung von Ranke – gewiss vereinfachend, aber deshalb nicht falsch –, sind bestimmte Revisionen fast unvermeidlich. Die Entdeckung neuer Quellen, die Erschließung der Archive, die Bereicherung durch Zeitzeugenaussagen können ein neues Licht auf Ereignisse werfen, die man schon zu kennen glaubte oder über die man falsche Informationen erhalten hatte. Die sinkenden Opferzahlen des Gulag in der UdSSR – von Robert Conquest auf zehn Millionen geschätzt, nun durch neuere Forschungen auf eineinhalb Millionen gefallen[243] – waren das Ergebnis einer gründlichen Quellenanalyse und des Zugangs zu einer grundlegenden Dokumentation, die vorher nicht eingesehen werden konnte.

Andere Revisionen weisen auf eine Änderung des *interpretatorischen Paradigmas* hin. Manchmal liegt die Einführung eines neuen Paradigmas an der Auswertung von Quellen, die zunächst ignoriert worden waren. Das wissen all diejenigen, die anfingen über die Geschichte der Frauen zu forschen (das war selbstverständlich revisionistisch, denn diese Forschung verlangte einen neuen Blick darauf, wie Gegenstände und Quellen zur Geschichtsschreibung beitragen). Geschichte wird immer in der Gegenwart geschrieben, und die Fragestellung, welche die Erforschung der Vergangenheit leitet, ändert sich je

242 Für eine Rekonstruktion der gesamten Debatte: Greilsammer, Ilan: La Nouvelle Histoire d'Israël. Paris 1993. Pappé, Illan: La Guerre de 1948 en Palestine. Aux origines du conflit israélo-arabe. Paris 2000.

243 Werth, Nicolas: Goulag: les vrais chiffres. In: L'Histoire. 1993. Nr. 169. S. 42.

nach den Epochen, den Generationen, den gesellschaftlichen Verhältnissen und den Entwicklungen des kollektiven Gedächtnisses. Wenn unsere Sicht auf die Französische oder Russische Revolution nicht mehr die gleiche ist wie vor fünfzig Jahren, liegt das nicht nur an der Entdeckung neuer Quellen, sondern auch an einer neuen historischen Perspektive, die unserer Zeit eigen ist. Es ist nicht schwierig, festzustellen, dass die romantische Lesart der Französischen Revolution von Michelet, die marxistische von Soboul und die liberale von Furet verschiedenen historischen, kulturellen und politischen Zusammenhängen angehören.

In dieser Form sind Revisionen der Geschichte legitim und sogar notwendig. Einige Revisionen – die man meistens als „Revisionismus" bezeichnet – implizieren aber eine *ethisch-politische Wendung* in unserer Art und Weise, die Vergangenheit zu betrachten. Sie entsprechen dem, was Jürgen Habermas im *Historikerstreit* „apologetische Tendenzen" in der Zeitgeschichtsschreibung genannt hat.[244] In diesem Sinn verwendet, erfährt der Begriff des Revisionismus eine negative Konnotation. Es ist also nicht erstaunlich, dass bestimmte Historiker, die des Revisionismus beschuldigt wurden, sich zu verteidigen versuchten, indem sie daran erinnerten, dass die Revision ein historischer Vorgang und der Historiker per definitionem immer ein Revisionist sei. In seinem Briefwechsel mit François Furet unterstreicht Ernst Nolte, dass die Revisionen das tägliche Brot der wissenschaftlichen Arbeit darstellten.[245]

Es ist gewiss, dass sich nie jemand über die „revisionistischen" Historiker beschwert hat, die unausgewertete Archive erforscht oder ihre Arbeiten auf neue Dokumente gestützt haben. Was ihnen vorgeworfen wird, ist ihre politische, oft verborgene Zielrichtung bei der Lektüre der Vergangenheit. Ernst Nolte bildet das klassische Beispiel einer derartigen Revision. In *Der europäische Bürgerkrieg* präsentiert er die nationalsozialistischen Verbrechen als schlichte „Kopie" einer „asiatischen Barbarei", die der Bolschewismus 1917 eingeführt habe. Von der Auslöschung bedroht, habe Deutschland reagiert und die Juden vernichtet, die Stützen des bolschewistischen Regimes, dessen Verbrechen für Nolte „das logische und faktische Prius" der nationalsozialistischen Verbrechen gewesen seien.[246] Die völlige Distanzlosigkeit, die

244 Habermas, Jürgen: Eine Art Schadensabwicklung. Die apologetischen Tendenzen in der deutschen Zeitgeschichtsschreibung. In: Historikerstreit. München, Zürich 1987. S. 62–76.

245 Furet, François: »Feindliche Nähe«. Kommunismus und Faschismus im 20. Jahrhundert. Ein Briefwechsel. München 1998. S. 74f.

246 Nolte, Ernst: Vergangenheit, die nicht vergehen will. In: Historikerstreit. München, Zürich 1987. S. 39–47.

Nolte gegenüber seinen Quellen zeigt – die nationalsozialistische Literatur der Zeit –, rechtfertigt eine gewisse Ratlosigkeit, wie es Hans-Ulrich Wehler erklärte.[247] Doch das grundlegende Problem liegt nicht im Umgang mit den Quellen. Es ist klar, dass die von Nolte vorgeschlagene Historisierung des Nationalsozialismus in einer neuen Lesart der Vergangenheit mündet, in der Deutschland nicht mehr der Unterdrücker, sondern das Opfer ist, und seine realen Opfer, angefangen bei den Juden, im besten Fall als „Kollateralschäden" abgetan werden und im schlimmsten als Quelle allen Übels, als verantwortlich für die bolschewistische Revolution.[248]

Renzo De Felices monumentale Forschungen zum italienischen Faschismus brachten zahlreiche Revisionen hervor, die heute in der Geschichtswissenschaft allgemein akzeptiert sind, wie zum Beispiel die Anerkennung einer „revolutionären Dimension" der faschistischen Anfänge, seines modernisierenden Charakters oder des von Mussolinis Regime erreichten „Konsenses" in der italienischen Gesellschaft, vor allem während des Äthiopienkriegs.[249] Fragwürdig dagegen ist De Felices Interpretation des italienischen Bürgerkriegs 1943 bis 1945, den er als Konsequenz einer antinationalen Entscheidung einer großteils kommunistischen Minderheit von Widerständlern betrachtet. Oder, wie bereits erwähnt, seine These, dass sich der italienische Faschismus als Regime durch seine Ursprünge, seine Ideologie und seine Ziele völlig vom Nationalsozialismus unterscheide, mit dem er 1940 ein unnatürliches Bündnis eingegangen sei. Und schließlich sein Versuch, aus Mussolini einen „Patrioten" zu machen, der entschieden habe, sich zu opfern, als er die Republik von Salò gründete, um Italien ein mit Polen vergleichbares Schicksal zu ersparen. Dabei handelt es sich um eine apologetische Lesart des Faschismus, die Mussolini rehabilitiert. Diese Thesen entwickelt De Felice in seinem Buch *Il rosso e il nero*, dessen Veröffentlichung mit dem Beginn der ersten Amtszeit Berlusconis zusammenfiel, in der zum ersten Mal nach dem Ende des Kriegs eine „postfaschistische" Partei mit in der Regierung saß, eine Erbin der Republik von Salò. Diese historische Revision wirkt wie die intellektuelle Unterstützung einer politischen Restauration.

247 Wehler, Hans-Ulrich: Entsorgung der deutschen Vergangenheit? Ein polemischer Essay zum »Historikerstreit«. München 1988.

248 Friedländer, Saul: A Conflict of Memories? The New German Debates about the »Final Solution«. In: History, Memory and the Extermination of the Jews of Europe. Indiana 1993. S. 33f.

249 Einen Gesamtüberblick über Renzo De Felices Beitrag zur italienischen Geschichtsschreibung bietet Gianpasquale Santomassimo: Il ruolo di Renzo De Felice. In: Collotti, E. (Hrsg.): Fascismo e antifascismo. S. 415–429.

Man ist versucht, die historische Revision De Felices und seiner Schüler den französischen Revisionisten gegenüberzustellen. In Frankreich haben Historiker im Umfeld von Zeev Sternhell und Robert J. Paxton (einem Israeli und einem Amerikaner) eine Revision vorgenommen, die es ermöglicht hat, die einheimischen Wurzeln des Vichyregimes zu erkennen, seinen autoritären, ja faschistischen Charakter, seinen aktiven Anteil an der Kollaboration und seine Komplizenschaft beim Genozid an den Juden.[250] In Italien dagegen entstand, angeregt von De Felice, eine neue historiographische Strömung, die die Rehabilitierung des Faschismus zu ihrem ausdrücklichen Ziel erklärt.

Die Revisionen, die ich erwähnt habe – was auch immer ihr Anspruch und ihre Bedeutung sein mögen –, gehen über die Grenzen der Geschichtsschreibung als wissenschaftlicher Disziplin hinaus und berühren einen größeren Bereich, nämlich das Verhältnis jedes Landes zu seiner Vergangenheit, der „öffentliche Gebrauch der Historie", wie Habermas schreibt. Anders ausgedrückt, stellen diese Revisionen, die über eine herrschende Interpretation hinausgehen, ein gespaltenes historisches Gedächtnis in Frage, eine kollektive Verantwortung gegenüber der Vergangenheit. Sie berühren immer zentrale Ereignisse – die Französische Revolution, die Russische Revolution, den Faschismus, den Nationalsozialismus, den arabisch-israelischen Krieg von 1948 usw. Ihre neue Lesart der Geschichte betrifft, weit über die Interpretation einer Epoche hinaus, unsere Art und Weise, die Welt und unser gegenwärtiges Selbstverständnis zu betrachten.

Es gibt also unterschiedliche Revisionen: Einige sind fruchtbar, andere diskussionswürdig, wieder andere sind unheilvoll. Fruchtbar ist die Revision der „neuen" israelischen Historiker, die eine vorher negierte Ungerechtigkeit anerkennen, sich der palästinensischen Erinnerung anschließen und damit die Grundlagen für einen israelisch-palästinensischen Dialog legen. Diskussionswürdig ist die Revision von Furet, die in seinem Buch *Das Ende der Illusion* in einer radikalen Infragestellung jeglicher revolutionärer Tradition gipfelt – seines Erachtens eine Quelle der modernen Totalitarismen – und in einer melancholischen Apologetik des Liberalismus als unüberwindbarem Horizont der Geschichte.[251] Unheilvoll sind schließlich die Revisionen von Nolte und De Felice, deren Ziel – oder mindestens deren Konsequenz – es ist, das Bild des Faschismus und des Nationalsozialismus aufzupolieren.

250 Vgl. Paxton, Robert J.: La France de Vichy. Paris 1975.

251 Furet, François: Das Ende der Illusion. Der Kommunismus im 20. Jahrhundert. München, Zürich 1996. Diese Kritik übernehme ich von Daniel Bensaïd: Qui est le juge? Pour en finir avec le Tribunal de l'Histoire. Paris 1999.

Auch wenn einige Geschichtsrevisionen zu bekämpfen sind, kann man sich fragen, ob man sie in der gleichen negativen Kategorie des „Revisionismus" einordnen sollte – ein Begriff, der an die „Hölle" erinnert –, wohin früher in der Nationalbibliothek die Pornographie wegsortiert wurde. Wenn man die Kritik an den Thesen von Nolte und De Felice in einen „antirevisionistischen" Kampf verwandelt, riskiert man ein ähnliches Abgleiten wie in der marxistischen Kontroverse, d. h. den Übergang von einer ideellen Debatte zu einer Praxis der Inquisition bis hin zur Exkommunizierung all derjenigen, die sich von einer längst festgelegten Orthodoxie, einem normativen Kanon, entfernen.

Anders ausgedrückt, verweist der Begriff des „Revisionismus" immer auf eine religiöse Lesart. Der in eine Staatsideologie transformierte Antifaschismus in den Ländern des sowjetischen Blocks brachte langfristig grässliche Resultate und kompromittierte damit die eigene Legitimation. Ohne ähnliche Ausmaße zu erreichen, hatte auch die antifaschistische Konsensrhetorik in Italien in vierzig Jahren negative Auswirkungen auf die historische Forschung. Das Werk von Claudio Pavone – einem linken Historiker und ehemaligen Widerständler –, der den Widerstand nicht nur als nationalen Befreiungskampf interpretierte, sondern auch als einen Krieg der Klassen und vor allem als *Bürgerkrieg*, erschien erst 1990.[252] Kurz, der institutionalisierte und in ein nationales Epos verwandelte Antifaschismus war kein wirksames Mittel gegen die Rehabilitierung des Faschismus. Es muss verhindert werden, dass mit der Shoah das gleiche passiert, die längst zu einer „Alltagsreligion" des Westens geworden ist, mit positiven Konsequenzen, aber auch mit vielen Gefahren, die eine derartige Institutionalisierung mit sich bringt.

Die apologetischen Tendenzen in der Geschichtsschreibung des Faschismus und des Nationalsozialismus müssen bekämpft werden, aber man darf ihnen keine normative Sichtweise der Geschichte entgegenstellen. Deshalb können sich die Gesetze gegen die Holocaustleugnungen als gefährlich erweisen. Auch wenn die Holocaustleugnung in all ihren Formen bekämpft und isoliert werden muss – von Robert Faurisson und David Irving bis hin zu dem augenscheinlich respektableren Bernard Lewis[253] –, äußerten mehrere Histo-

252 Pavone, Claudio: Una guerra civile. Saggio sulla moralità della Resistenza. Turin 1990.

253 Über Irving vgl. Evans, Richard: Die Geschichtsfälscher. Holocaust und historische Wahrheit im David-Irving-Prozess. Frankfurt/M. 2001. Über Bernard J. Lewis, der den Genozid an den Armeniern als eine »armenische Vision der Geschichte« betrachtet: Ternon, Yves: Lettre ouverte à Bernard Lewis et à quelques autres. In: Davis, Leslie A.: La Province de la mort. Archives américaines concernant le génocide des

riker (ich eingeschlossen) Zweifel an der Möglichkeit, die Holocaustleugnung durch Gesetze zu sanktionieren. Es kann darauf hinauslaufen, eine offizielle historische Wahrheit zu institutionalisieren, die von Gerichten beschützt wird. Das hat die perverse Folge, dass die Schlächter der Erinnerung in Opfer der Zensur verwandelt werden, in Verteidiger der Redefreiheit. Krzysztof Pomian hat Recht, wenn er fordert, dass es weder offizielle Historiker noch revisionistische Historiker geben dürfe, sondern nur kritische Historiker.[254]

Der „Revisionismus" ist eine Erbschaft aus einem Jahrhundert, in dem das intellektuelle Engagement Ideologie und Parteilichkeit voraussetzte. Man glaubte, dass das beste Mittel, Werte zu verteidigen, darin bestehe, eine Uniform zu tragen. Der Preis dieser Entscheidung war häufig, dass die Intellektuellen ihrer kritischen Funktion entsagten. Diese Haltung hat heute keine Existenzberechtigung mehr. Der Begriff „Revisionismus" wurde in die Sprache übernommen, er ist Gegenstand von Polemiken, doch bleibt er problematisch und oft unheilvoll. Ich schlage vor, ihn nur für eine einzige vergangene Debatte zu benutzen, nämlich für die, welche Bernstein vor mehr als einem Jahrhundert auslöste.

Arméniens. Brüssel 1994. S. 9–26.

254 Pomian, Krzysztof: Storia Ufficiale, storia revisionista, storia critica. In: Mappe del Novecento. Mailand 2002. S. 143–150.

VII. Schluss[255]

Vor einigen Jahren fand in Buenos Aires eine Ausstellung über die argentinische Militärdiktatur (1975–83) statt. In der Eingangshalle traf der Besucher auf drei nebeneinander hängende und sehr überraschende Bilder des Photographen Marcelo Brodsky, die die Geschichte seines Landes mit seinen Hoffnungen und seinen Schrecken darstellen.[256] Das erste Bild ist ein altes sepiafarbenes Photo, es zeigt einen jungen Mann auf der Brücke eines Passagierdampfers. Seine Kleidung und sein Haarschnitt verweisen auf die Zwanziger- oder Dreißigerjahre. Er blickt auf das Meer, auf das Wogen der Wellen. Das zweite Bild zeigt einen Jugendlichen, der am Strand nahe dem Wasser spielt. Das dritte Bild zeigt nur noch das Wasser und die Wellen. Man ahnt, dass hier der Rio de la Plata, dieser *uferlose Fluss (rio sin orillas)*, an dessen Gestaden Juan José Saer die Geschichte Argentiniens spielen lässt, in den Ozean fließt.[257]

Durch ihre Anordnung erhalten diese Bilder sofort eine klare, unerträgliche und erschreckende Aussage. Das erste zeigt einen europäischen Emigranten, der sich eine Existenz in der Neuen Welt aufgebaut hat, mit seinen Erwartungen und Hoffnungen. Auf dem zweiten Bild erscheint sein Sohn oder sein Enkel als sorgloses Kind, das Fußball spielt. Das dritte ist ein Bild des Grauens, denn man weiß, dass während der Militärdiktatur die *desaparecidos* (Verschwundenen) ins Meer geworfen wurden, manchmal noch lebend. Das Meer ist ihr Friedhof. Sie haben sich „ein Grab geschaufelt" im Wasser, „da liegt man nicht eng", könnte man mit den Worten von Paul Celan sagen.

Diese drei Bilder zeigen einen historischen Bruch. Der Migrant hat in Argentinien seine neue Heimat gefunden; sein Kind wuchs dort auf, wurde politisch aktiv und schließlich vom Faschismus ermordet. Das Wasser – eine geläufige Metapher für die vergehende Zeit – hat ihn verschlungen. Die Wellen symbolisieren keine Kontinuität mehr, nicht den Lauf des Lebens, nicht die Folge der Generationen, vielmehr sind sie das düstere Symbol eines historischen Bruchs, das Symbol einer vernichteten Vergangenheit, die aus Träumen bestand, aus Utopien und Kämpfen, die nur die Erinnerung retten kann, indem sie diese an eine neue Generation weitergibt. Man kann in

255 Der Schluss wurde für die deutsche Ausgabe geschrieben.
256 Brodsky, Marcelo: Buena Memoria. Buenos Aires 2003.
257 Saer, Juan José: El río sin orillas. Buenos Aires 1997.

diesen Photos „Denkbilder" erkennen im Sinn von Walter Benjamin[258]: Alle unsere aktuellen Kämpfe sind Kämpfe für die „Erlösung der Vergangenheit", denn sie nähren sich nicht nur am Ideal der befreiten Enkel, sondern auch „an dem Bild der geknechteten Vorfahren"[259].

258 Vgl. Maskivker, Nora Rabotnikof: El àngel de la mémoria. In: Echeverría, Bolívar (Hrsg.): La mirada del ángel. En torno a las Tesis sobre la historia de Walter Benjamin. Mexico 2005. S. 155-170.

259 Benjamin, Walter: Über den Begriff der Geschichte. In: Illuminationen. Frankfurt/M. 1977. S. 258.

Bibliographische Notiz und Danksagung

Ich stellte einen ersten Entwurf dieses Essays im Frühjahr 2002 während eines Kolloquiums an der Universität von La Plata in Argentinien vor, das von der Comision Provincial por la Memoria organisiert wurde. Dabei handelt es sich um eine Institution, die die Archive der Militärdiktatur von 1975 bis 1983 verwaltet und ein wichtiges Zentrum für die Erforschung der Erinnerung an die „Verschwundenen“ in der Provinz Buenos Aires darstellt. Eine italienische Fassung erschien unter dem Titel „Storia e memoria. Gli usi politici del passato“ in der Zeitschrift *Novecento. Per una storia del tempo presente,* 2004, Nr. 10. Den Absatz über den Kommunismus in Kapitel IV schrieb ich für eine Konferenz in Berlin im Frühjahr 2001. Er wurde bereits publiziert, und zwar in: jour fixe initiative berlin (Hrsg.): Geschichte nach Auschwitz. Münster 2002. Das fünfte Kapitel ist ein Beitrag für eine Tagung zum Thema "Faschismus, Nazismus, Kommunismus: historiographische Debatten und Kontroversen in Deutschland und Italien", organisiert unter der Leitung von Bruno Groppo vom Centre d'histoire sociale du Xxe siècle des CNRS 2001. Eine erste Fassung erschien zusammen mit den anderen Beiträgen dieser Tagung in der Zeitschrift *Matériaux pour l'Histoire de notre temps*, 2002, Nr. 68, dann in Spanisch (in Argentinien) in der Zeitschrift *Politicas de la Memoria 2003–2004,* Nr. 4. Das letzte Kapitel ist die überarbeitete Fassung eines Beitrags auf einem Kolloquium unter der Leitung von Catherine Coquio an der Universität Paris IV-Sorbonne 2002, und er erschien unter demselben Titel in dem Sammelband der Tagung: Catherine Coquio (Hrsg.): L'Histoire trouée. Négation et témoignage. Nantes 2003. Kapitel VI wurde ins Spanische übersetzt und erschien 2004 in der Valencer Zeitschrift *Pasajes,* Nr. 14. Alle Texte wurden für diesen Band komplett neu überarbeitet. Ich bedanke mich bei den Freunden, die mich ermunterten, sie zu schreiben: Patricia Flier, Elfi Müller, Bruno Groppo und Catherine Coquio. Schließlich und vor allem möchte ich mich bei Eric Hazan bedanken, meinem Freund und Komplizen im Verlag La Fabrique: Sowohl die Form als auch der Inhalt dieses kleinen Buches haben ihm viel zu verdanken.

Paris, Juni 2005

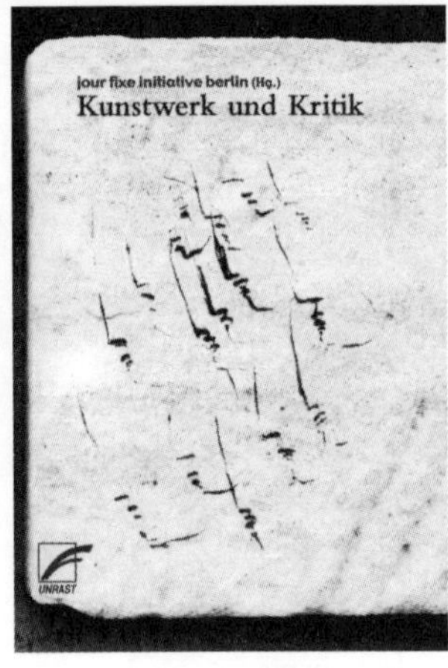

jour fixe initiative berlin (Hg.)

Kunstwerk und Kritik

Es macht den grundsätzlich widersprüchlichen Charakter von Kunst aus, zwar aus der gesellschaftlichen Totalität entstanden zu sein, jedoch in der ästhetischen Erfahrung einen Raum zu eröffnen, der über diese hinausweist. An diese Tatsache knüpft sich bis heute die Hoffnung, daß ästhetische Erfahrung, indem sie die Alltagserfahrung der Individuen revolutioniert, auch zu einer Position führt, von der aus eine Kritik der Gesellschaft formulierbar wird.

ISBN 978-3897714212
br., 264 Seiten
16.00 Euro

jour fixe initiative berlin (Hg.)

Wie wird man fremd?

Unter den Bedingungen eines hochentwickelten Kapitalismus in den Metropolen, zunehmender Zivilisationsverluste in den Peripherien und weltweiter Migrationsbewegungen zwischen Peripherien und Metropolen ist „Der Fremde“ bis zum Rand gefüllt mit Inhalten und Diskursen. Der Fremde wird zur Zielscheibe rassistischer und antisemitischer Projektionen. Wie wird man fremd? ist die Frage, die die AutorInnen unter Bezugnahme auf die Kritische Theorie, die Psychoanalyse und Theorien posstrukturalistischer Provenienz zu klären versuchen.

ISBN 978-3897714052
br., 255 Seiten
16.00 Euro

jour fixe initiative berlin (Hg.)

Geschichte nach Auschwitz

Kann kritische Gesellschaftstheorie noch etwas mit den Begriffen Revolution und Geschichte anfangen, nachdem die Alternative Sozialismus oder Barbarei im Nationalsozialismus entschieden worden ist? Wenn es darauf ankommt, »eine schon von der Barbarei gezeichnete Gesellschaft zu begreifen« (Enzo Traverso), also auch der Begriff der Revolution schon durch Auschwitz »angefressen« ist (Adorno), läßt sich dann auf diese Begriffe noch in emanzipatorischer Absicht rekurrieren?

ISBN 978-3897714090
br., 220 Seiten
16.00 Euro

jour fixe initiative berlin (Hg.)

Gespenst Subjekt

In Gespenst Subjekt geht es um die Bedingungen, unter denen emanzipatorisches kollektives Handeln überhaupt noch möglich erscheint. Dabei wird sowohl Phänomene eines allseits zu konstatierenden Konformismus und Essentialismus thematisieren, als auch nach Potenzialen und Spuren der Befreiung gefragt. Was unter den Bedingungen eines globalen Kapitalismus und nach den Erfahrungen von Kolonialismus, Faschismus und Antisemitismus überhaupt noch ein »Subjekt« sein kann, ist ebenso offen wie die Frage, was unter diesen Bedingungen »Politik« ist. In der Auseinandersetzung mit kritischen Theorien der Subjektivität, aber auch mit historischen und aktuellen Formen politischer Praxis wird versucht, nach dem möglichen Ort politischer Subjektivität in einer zugleich kontrollierten und deregulierten Welt zu fragen.

ISBN 978-3-89771-469-4
br., ca. 256 Seiten
ca. 18 Euro, erscheint September 2007

jour fixe initiative berlin (Hg.)

Klassen und Kämpfe

Die Umwälzung und Abschaffung von Herrschaftsverhältnissen ist das zentrale Anliegen einer Politik der Emanzipation. Während das konservative Denken die Spaltung der Gesellschaft in Arme und Reiche als naturgegeben bestimmt und der Liberalismus diese Spaltung aktiv betreibt, haben sozialrevolutionäre und sozialistische Bewegungen versucht, die gesellschaftlichen Verhältnisse grundlegend zu verändern. Klassenkampf hieß das Losungswort, um die treibende Kraft der Geschichte zu benennen und der Analyse des Kapitalismus eine politische Perspektive zu geben. Dass diese Perspektive ihre Evidenz verloren hat, ist Anlass genug, nach dem Stand der sozialen Kämpfe zu fragen. Wie kann in Zeiten neoliberaler Politik eine in unterschiedliche Milieus zerstreute Bewegung Bündnisse eingehen, um eine Politik der Emanzipation voranzutreiben?

Sergio Bologna (Mailand) – Die Rolle der Theorie in der politischen Aktion
Klaus Viehmann (Berlin) – Stadtguerilla und Klassenkampf – revised
Elfriede Müller (Berlin) – Die Subversion des Mai 68
Michael T. Koltan (Freiburg i. Br.) – Warum die Neue Linke so alt aussieht
Daniel Bensaïd (Paris) – Und dennoch kämpfen sie… .
Politische Strategien fragmentierter Subjekte
Stefanie Kron (Berlin) – Stimmlose Stars.
Die subalterne Frau und die Globalisierungskritik
Moishe Postone (Chicago) – Internationalismus und Antiimperialismus heute
Manuela Bojadžijev (Frankfurt a. M.) – Autonomie der Migration.
Eine historische Perspektive
Mag Wompel (Bochum) – Perspektiven der Proteste ?
Titus Engelschall (Berlin) – The Upsetter & The Beat –
Reggae als Sound eines transnationalen Widerstands
Klaus Barm – Das Bild der Arbeit

ISBN: 978-3897714380
br., 224 Seiten
16.00 Euro

Daniel Bensaid

Eine Welt zu verändern

Bewegungen und Strategien

Herausgegeben von der jour fixe initiative berlin

„Eine andere Welt ist möglich!" heißt die Losung der globalisierungskritischen Bewegung. Sie drückt die Verweigerung und die Unsicherheit gegenüber einer Welt aus, in der sich die ökonomischen und sozialen Deregulierungen miteinander verbinden und neue Produktions- und Wissenstechnologien sich häufig als Techniken der Herrschaft erweisen. Doch ob die Welt wirklich veränderbar ist, bleibt aufgrund des Erbes des 20. Jahrhunderts überaus hypothetisch. Wer sind die Akteure, welche Strategien der Umwälzung der kapitalistischen Verhältnisse kommen überhaupt noch in Frage, welche Alternativen stehen noch zur Verfügung? Soziale Spaltungen und neue Bündnisse, Herrschaft und Gegenmacht, Expertenwissen und politischer Aktivismus, Klassen und Multitude: diese Debatten, die in den siebziger Jahren an ihrem Ende angelangt schienen, sind heute wieder aktuell und werden auf internationaler Ebene geführt.
Daniel Bensaïd bekräftigt in diesem Text die Notwendigkeit, die Perspektive einer revolutionären Möglichkeit auch angesichts der historischen Niederlagen nicht aufzugeben. Dabei wendet er sich sowohl gegen „eine Mystik ohne Transzendenz" von Negri und Hardt, als auch gegen den „imaginären Zapatismus" von John Holloway: „Das Elend der Welt ist unerträglicher und inakzeptabler geworden als jemals zuvor. Eine andere Welt ist notwendig. Doch die tote Vergangenheit legt ihr ganzes Gewicht auf die Gegenwart. Eine Neugründung würde nicht ohne eine vorherige Bilanz funktionieren, die alle möglichen Leichen im Keller der Geschichte thematisieren müsste. Kein reiner Tisch, keine Jungfräulichkeit. Man fängt nie bei Null an. Man beginnt mittendrin."

ISBN 978-3897714472
br., 182 Seiten
13.00 Euro